바르게 이해하고 알맞게 활용하는 **빅데이터**

비전공자를 위한
빅데이터 가이드북

김민수 지음

저자소개

김민수

빅데이터가 유행처럼 번지고 있는 세상 속에서도, 데이터의 가치는 아직 저평가되었다고 믿으며 끊임없이 데이터, 인공지능에 관심을 높여 가고 있습니다. 실제 현업에서 데이터 과학 실무를 담당하고 있으며 강의 및 기고 활동을 겸하고 있습니다. 그중에서도 카카오 브런치를 통해 데이터 과학과 관련된 다양한 주제로 수다 떠는 것을 좋아합니다.

- 카카오 브런치 : https://brunch.co.kr/@8d1b089f514b4d5

# 서문

왜 지금은 빅데이터 시대로 불리우고 있을까?

빅데이터 시대를 우리는 어떻게 대비하며 살아가야 할까?

우리는 살아가면서 많은 고민거리를 마주하게 됩니다. 그리고 그중에는 입시, 취업, 연애, 인간관계, 결혼 등 개인적인 영역에 대한 고민이 많을 것입니다. 하지만 우리를 둘러싸고 있는 환경이 변한다면 이것 역시 피할 수 없는 고민거리가 되고 맙니다. 거스를 수 없는 흐름이라는 것은 늘 변화를 수반하기 때문입니다. 그리고 자연스럽게 빅데이터는 우리 삶에 녹아들기 시작했습니다.

그렇기에 빅데이터는 우리로 하여금 많은 고민을 떠안겨주고 있습니다. "빅데이터는 정말 우리 삶을 혁신적으로 바꿀 수 있을까?", "빅데이터가 대세라고 하는데 앞으로 내가 무엇을 해야 하지?", "인공지능 발전 속도가 엄청난데 내 일자리는 안전한 것일까?" 자연스럽게 빅데이터 시대가 도래한 이 시점에서 우리는 많은 고민과 생각을 해야만 합니다.

하지만 아쉽게도 빅데이터와 인공지능은 언뜻 이해하기에 매우 어려운 기술처럼 보입니다. 그래서 이러한 고민을 하다 보면 때로는 현상 자체를 이해하지 못할 수도 있고, 때로는 이 시대에 대해 오해를 가지게 될 수도 있습니다. 이러한 무지와 오해는 열심히 고민을 한 사람들에게 오히려 잘못된 편견을 안겨줄 수도 있습니다.

빅데이터 가이드북은 이러한 편견을 예방하기 위해, 빅데이터 시대를 살아가기 위해 명심해야 할 기본 지식과 마음가짐에 대하여 이야기하고 있습니다. 현명한 삶을 즐기기 위해 알아야 하는 사항, 수많은 데이터 전문가들과 일하기 위한 방법 등 데이터 과학을 업으로 삼으며 느꼈던 모든 내용들을 빅데이터 가이드북에 담았습니다. 어찌 보면 이는 단순히 데이터 분야를 학습한다고 체감할 수 있는 내용이 아닙니다. 이 책을 통해 더 많은 사람들이 현 흐름을 정확히 파악하고 이를 기반으로 스마트한 의사결정을 할 수 있길 바랍니다.

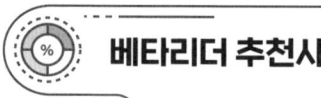
베타리더 추천사

최근 머신러닝, 빅데이터가 각광받으면서 많은 사람들이 이 영역으로 뛰어들고 있습니다. 단순히 트렌드를 파악하는 수준에서 전문가를 꿈꾸는 사람까지 다양합니다. 하지만 그 속에는 트렌드라는 물결에 휩쓸린 사람도 있습니다. 본 서적은 그런 사람들에게는 위로를, 전문가가 되려는 사람에게는 현실적인 한계와 자신이 가려는 방향에 대한 이정표를 알려 주고 있습니다. 특히 대부분의 서적들이 기술적인 이야기를 하며 마치 이 정도는 알아야 하는 것처럼 포장하고 있지만 실은 자신의 위치에서도 충분히 빅데이터 환경에 들어갈 수 있다는 방법이 있다는 것을 알리는 등 현실적인 부분을 짚어 주고 있어 어떠한 이유든 처음 내딛은 사람에게 도움이 될 것이라 생각합니다.

김승언

빅데이터와 인공지능 대해서는 많이 들어봤지만, 어려울 것이라는 두려움이 컸던지라 공부한다기보단 알아간다는 생각으로 책을 펼쳤습니다.

페이지를 넘길수록 전문적인 내용을 어려운 단어보다는 쉽게 풀어서 설명해 주었다는 점과, 다소 친근하고 트렌디한 예시들로 구성이 되어 있어 이해하기에 너무나도 좋았고, 비즈니스 관점에서도 생각해 볼 수 있어 흥미롭기도 했습니다.

개발자를 꿈꾸는 일반인으로서 말로만 듣던 빅데이터에 대한 개념과 추후 빅데이터에 대해 어떤 제스처를 취해야 할 것인지 고민해 볼 수 있는 즐거운 시간이었습니다.

나슬기

저자의 전문성과 실무 경험에서 우러나오는 진실된 조언과 이야기는 빅데이터 시대를 살아가는 데 큰 도움이 될 것입니다. 저자와 카페에서 커피 한 잔을 마시며 빅데이터의 방향성, 활용성, 향후 로드맵에 대해 밤새도록 토론을 하며 이야기를 나눈 것 같은 느낌이 드네요. 빅데이터에 관심이 있는 일반인, 데이터를 공부 중인 학생, 현업에서 데이터를 다루는 모든 직군에게 필독 도서로 추천드립니다.

LG Uplus 데이터 분석가 백철우 선임

누구도 부정할 수 없는 빅데이터 시대가 도래했습니다. 빅데이터는 우리의 삶에 영향을 미치고 있고 이 영향은 앞으로 더욱더 커질 것입니다. '우리는 어떠한 자세로 빅데이터를 마주해야 할까?' 라는 질문에 대하여, 이 책은 빅데이터란 무엇인지 개념부터 차근차근 알려 줍니다. 그리고 다양한 개념과 사례를 통해 빅데이터에 대한 이해를 도와주고 다양한 시각에서 빅데이터를 바라봅니다. 이를 통해 빅데이터 시대에 어떻게 살아가야 하는지 방향성을 알려 주고 생각해 볼 거리를 제시해 줍니다. 빅데이터 시대를 살아갈 모든 분께 이 책을 추천합니다.

서동진

안녕하세요. 저는 현재 개발자로 일하고 있습니다. 보통 빅데이터는 그 정의부터 모호하여 저도 그동안 제대로 모르고 있었던 것 같습니다. 이 책을 읽음으로써 빅데이터의 개념 및 원론적인 이야기부터 어떤 인사이트를 도출할 수 있을지까지 빅데이터의 전반적인 부분에 대해 잘 설명해 주고 있어 빅데이터에 대해 많이 생각해 보게 되었습니다.

아마 이 책을 통해서 빅데이터를 배운다기보다는 빅데이터에 대해 많이 생각해 볼 수 있는 계기가 될 것 같습니다. 현업의 빅데이터 종사자분이 읽기보다는 빅데이터 개념에 대해 알고 싶으신 분이나, 빅데이터 학습을 해보고 싶은데 어떤 직종이 있는지 뭘 할 수 있는지에 대한 정보가 없으신 분들에게 좋은 내용입니다.

베타리더 추천사

또한 빅데이터를 도입하려는 회사의 중요 임원진분들께 추천합니다. 빅데이터의 인사이트를 얻기 위해 필요한 빅데이터 직종에 대해서도 생각해 보게 되고, 인사이트 도출을 위해서는 기술력뿐 아니라 도메인 지식에 대한 중요성도 책 내용에 서술되어 있기 때문입니다.

그 외에도 많은 빅데이터 사례를 통해 어떤 인사이트를 얻을 수 있을지 책을 읽으면서 많이 생각해 보게 되었습니다.

엄준태

모든 산업에서 분야를 막론하고 빅데이터를 활용한 혁신에 도전하고 있다. 대학에서도 이미 다양한 전공이 인공지능과 접목되어 발전하고 있으며 그로 인해 빅데이터를 공부하고자 하는 학생이나 직장인들이 늘어나고 있다. 이 책은 빅데이터 분야로 진로를 정하고 싶은 학생부터 데이터 관련 업무를 수행하는 직장인들까지 가히 빅데이터 시대를 살아가는 모든 이들이 한 번쯤은 궁금해할 만한 내용을 명쾌하게 정리해 주고 있다.

임동신

 목차

저자소개　　　　　　　　　　　　　02
서문　　　　　　　　　　　　　　03
베타리더 추천사　　　　　　　　　04

part 01
빅데이터 이해하기

chapter 1 빅데이터 개요

1-1 빅데이터 등장 배경과 개념　　　14
1-2 빅데이터와 스몰데이터　　　　　18
1-3 빅데이터 동향　　　　　　　　　22

chapter 2 빅데이터 분석 역량

2-1 프로그래밍 능력　　　　　　　　30
2-2 수학과 통계학　　　　　　　　　34
2-3 도메인 지식　　　　　　　　　　38

chaper 3 빅데이터 분석의 종류

3-1 시각화와 인사이트 도출　　　　　44
3-2 통계 분석　　　　　　　　　　　49
3-3 인공지능　　　　　　　　　　　53

목차

빅데이터 시대 살아가기

chapter 1 빅데이터 전문가
1-1 빅데이터 전문가를 판단하는 법 … 64
1-2 빅데이터 전문 직종 … 70

chapter 2 빅데이터 학습하기
2-1 빅데이터를 학습하는 이유 … 80
2-2 일반인이 알아야 할 빅데이터 지식 … 86
2-3 빅데이터 지식 학습 방법 … 93

chaper 3 빅데이터 활용하기
3-1 빅데이터 분석의 종류 … 104
3-2 인사이트 활용 … 111
3-3 미래 예측 … 117
3-4 추천 시스템 … 122

chpater 4 빅데이터 유의사항
4-1 숫자 의심하기 … 130
4-2 지나친 기대감 버리기 … 138
4-3 빅데이터 상태 점검하기 … 146
4-4 데이터에 속지 않기 … 156

빅데이터에 대한 오해

chapter 1 나에게 빅데이터는 어렵다.

1-1 빅데이터를 어렵게 만드는 요인 … 170
1-2 빅데이터 단순하게 이해하기 … 175

chapter 2 나는 빅데이터를 완전히 이해해야 한다.

2-1 빅데이터 전문가와 일반인 … 182
2-2 빅데이터 이해도와 빅데이터 활용하기 … 187

chaper 3 나와 빅데이터는 관계가 없다.

3-1 생활 속 빅데이터 … 194
3-2 빅데이터 편의시설 … 199
3-3 빅데이터를 대하는 올바른 마음가짐 … 208

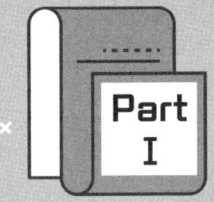

빅데이터 이해하기

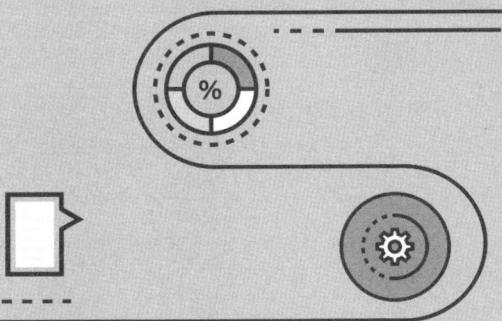

　빅데이터라는 단어 자체는 어느덧 많은 사람에게 익숙하게 되었습니다. 하지만 빅데이터라는 단어를 들어본 것을 넘어, 빅데이터와 그 생태계를 이해하는 것은 또 다른 차원의 접근입니다. 빅데이터 시대를 잘 살아가기 위해서는 빅데이터가 무엇인지 알아야 합니다. 이를 위해서는 빅데이터가 무엇인지, 요즘 시대의 사람들은 빅데이터의 발전을 위해 어떤 노력을 기울였으며 빅데이터의 현재는 어떤 상태인지 이해해야 합니다. 이에 따라 Part Ⅰ에서는 빅데이터가 무엇인지, 그 자체를 다양한 측면에서 알아보도록 하겠습니다.

Chapter 1
빅데이터 개요

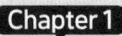

Chapter 1
빅데이터 개요

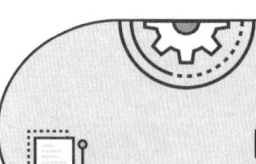

최근 사회에서 빅데이터라는 단어를 발견하는 것은 어려운 일이 아닙니다. TV 프로그램, 대학생의 발표 자료, 회사의 보고서까지 빅데이터 활용 결과가 심심찮게 등장하기 시작했습니다. '빅데이터'라는 단어가 보고서의 필수 요소라는 우스갯소리가 생겨날 정도입니다. 하지만 빅데이터를 활용하고 싶다면 빅데이터에 대한 정확한 이해가 반드시 선행되어야 합니다. 이를 위해 '1. 빅데이터 개요'에서는 빅데이터의 정확한 개념부터 시작해 빅데이터를 활용하기 위해 알고 있어야 할 중요 내용에 대해 간략하게 알아보도록 하겠습니다.

1-1 빅데이터 등장 배경과 개념

1-1-1 ▶ 빅데이터 등장 배경

빅데이터 등장 배경을 알기 위해서는 두 가지 키워드가 가장 중요합니다. 바로 '인터넷'과 '인공지능'입니다. 먼저 인터넷은 빅데이터를 탄생시킨 가장 직접적인 원인입니다. 2000년대부터 본격적으로 PC가 보급되기 시작하였고 이에 따라 자연스레 인터넷을 사용하는 사람들의 숫자도 빠르게 증가했습니다. 2020년대에 사람들의 인터넷 사용 시간은 가히 어마어마하다고 말할 수 있습니다. 여기서 중요한 점은 인터넷을 사용한다는 것은 곧 데이터를 탄생시킨다는 것입니다.

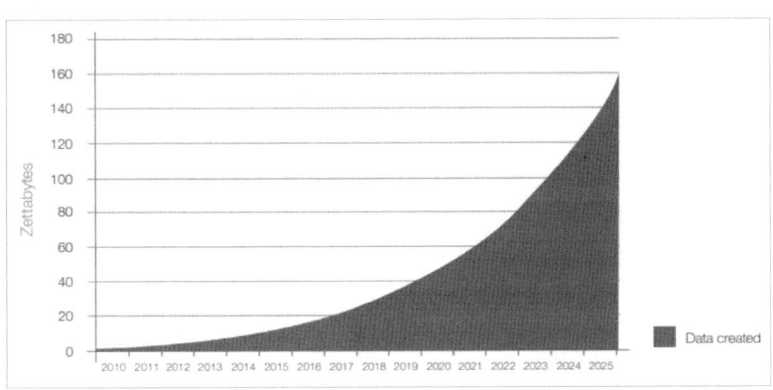

[그림 1-1-1] 연도별 전 세계 데이터 생산량

어떤 사람이 여행을 가서 사진과 함께 짧막한 글을 SNS에 올린다고 생각하면, 그 사람이 언제, 어디서, 어떤 사진을, 어떤 글귀와 함께 업로드했는지에 대한 정보가 모두 저장됩니다. 그리고 저장된 이 모든 정보는 데이터라는 이름으로 남게 됩니다. 결국, 인터넷의 상용화는 데이터의 양을 기하급수적으로 증가시켜 나갔고 이는 자연스레 빅데이터의 탄생으로 연결되었습니다. 하지만 방대한 양의 데이터를 분석하고 활용한다는 것은 말처럼 쉬운 일이 아닙니다. 방대한 양의 데이터를 끌고 와 PC에 저장하는 것 자체가 매우 부담스러운 일이며, 데이터를 분석한다고 하면 굳이 엄청난 양의 데이터를 다 사용할 필요도 없습니다.

이때 IT 기술의 발전, 특히 인공지능 기술의 발전은 빅데이터 시대의 방아쇠를 한 번 더 잡아당겼습니다. 하드웨어 기술의 발전은 방대한 데이터를 저장하기에 충분하도록 만들었고, 빅데이터를 재료로 하는 인공지능 기술은 알파고를 기점으로 신드롬을 일으켰습니다. 인공지능과 빅데이터의 관계에 대해서는 3장에서 더욱 자세하게 다뤄 보겠습니다. 결국 인공지능 기술은 의문부호가 달렸던 빅데이터 활용법에 대해 해결책을 제시해 주었으며 이는 빅데이터가 다시 한번 강조되는 데 큰 역할을 하게 됩니다.

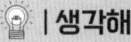
생각해 볼 거리

우리가 무의식적으로 사용하고 있는 스마트폰은 사실 엄청난 데이터를 생성해 내고 있습니다. 그리고 이러한 엄청난 양의 데이터는 이윤 추구를 근본적인 목적으로 하는 기업에게는 기회의 땅이라고 할 수 있습니다. 데이터 자체가 사업을 위한 무기가 될 수 있기 때문입니다. 어떤 기업들은 선제적으로 데이터를 확보하고 분석하며 고객에게 최적화된 서비스를 제공하는 반면 어떤 기업들은 그렇지 못합니다. 즉, 데이터를 무기로 삼고 있는지 여부에 따라 기업의 성과가 갈리는 경우가 많아지고 있습니다.

이 사실을 종합해 보면 빅데이터 시대가 도래한다는 것은 어찌 보면 당연하면서도 불가항력적인 일입니다. 회사를 포함해 많은 사람들은 늘 남들이 하지 못하는 새로운 역량을 뽐내고자 하지만 그것은 말처럼 쉬운 일이 아닙니다. 그렇기에 많은 사람들이 선택하는 방법은 바로 남들이 잘하고 있는 영역을 따라 하는 것입니다. 그리고 따라 하기 좋은 대표 주자가 바로 빅데이터와 인공지능이라고 할 수 있습니다.

데이터는 우리 주변 어디든지 존재하기 때문에 누구나 이용 가능하다는 특징이 있습니다. 이 때문에 '우리도 빅데이터 써 보자!'라는 말이 쉽게 나오기도 합니다. 정보력과 그에 기반한 차별성을 가장 중요시하는 기업 간의 경쟁에서 지천에 널려 있는 이 빅데이터는 모른 척 지나가기엔 너무나 매력적인 자원입니다. 결국 저장되고 있는 양 자체가 많아지는 점, 활용 가능성이 있다는 점 그 자체가 빅데이터 시대를 도래하게 한 가장 큰 원인이라 할 수 있습니다.

1-1-2 ▶ 빅데이터 개념

지금부터는 빅데이터가 무엇인지 그 정확한 개념에 대해 알아보도록 하겠습니다. 사실 빅데이터는 각 기관과 전문가마다 그 정의를 다르게 내리고 있습니다. 단어 그 자체에서 인지할 수 있는 대용량의 데이터를 의미하는 것이라 말하는 사람도 있고, 비정형이나 반정형 데이터와 같이 이전에는 존재하지 않았던 데이터라는 내용을 강조하는 경우도 있으며, 빅데이터를 처리하고 활용하는 기술까지 넓은 의미를 내포하는 경우도 있습니다. 그렇기에 누구나 인정할 수 있게끔 빅데이터를 명확히 정의 내리는 것은 생각보다 어려운 일입니다.

이 모든 것을 고려했을 때, 빅데이터는 기본적으로 단어 뜻 그대로 '이전과는 비교할 수 없는 매우 방대한 양의 데이터'라고 인식하는 것이 가장 좋습니다. 앞서 언급한 내용 중 넓은 의미로 빅데이터를 이해하기에는 빅데이터와 함께 많이 나오는 단어인 비정형 데이터, 머신러닝, 딥러닝 등의 개념과 헷갈릴 여지가 있기 때문입니다. 또한 방대한 양의 데이터라는 것이 빅데이터라는 용어의 취지와 가장 부합하기도 합니다. 하지만 가장 중요한 것은 빅데이터라는 개념 자체는 쉽게 이해하고 넘어가되 이 개념이 무엇을 의미하는지에 대해 깊게 고민해 보는 것입니다.

빅데이터의 정의에서 파생된 개념 중 하나로 3V라는 이론적 용어를 많이 이야기하곤 합니다. 방대한 양의 빅데이터가 지니는 세 가지 특성을 압축하여 일컫는 말로 양이 많고(Volume), 속도가 빠르며(Velocity), 그 종류가 매우 다양하다는(Variety) 의미입니다. 이 3V는 기존에 존재하던 데이터와 대비하여 빅데이터가 지니는 특징을 나타냅니다. 그 양이 압도적으로 많아져 데이터를 활용하는 방법이 매우 다양하게 변했고, 그 속도가 빠르기 때문에 실시간으로 데이터 기반 의사결정을 할 수 있게 되었습니다. 또한 데이터는 너무도 다양한 원천과 형태로 수집되기에 사실상 우리 삶의 모든 것을 표현 가능한 수준이 되었습니다.

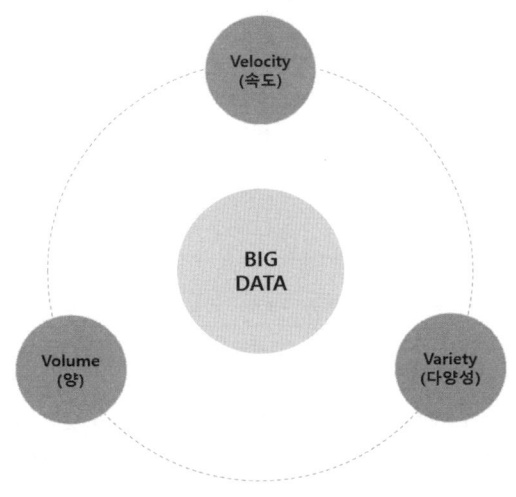

[그림 1-1-2] 빅데이터의 3V

1-2 빅데이터와 스몰데이터

1-2-1 ▶ 데이터 양의 의미

빅데이터의 개념을 살펴볼 때, 빅데이터라는 개념 자체는 쉽게 이해하되 그 개념이 의미하는 바를 잘 고민해 보아야 한다고 했습니다. 빅데이터와 그 이전 시대에 존재하던 데이터의 가장 큰 차이는 데이터의 '양'이었습니다. 하지만 여기서 의문점을 하나 가질 수 있습니다. 데이터는 반드시 많아야 할까요? 아니면 그렇지 않더라도 데이터는 많으면 좋은 것일까요? 많은 사람들이 빅데이터를 생각할 때 데이터 양이 지니는 의미를 간과하고 그냥 넘어가는 경우가 많습니다. 하지만 데이터의 양은 생각보다 많은 시사점을 가져다줍니다.

빅데이터와 반대되는 그리 양이 많지 않은 데이터를 스몰데이터라고 할 때, 빅데이터와 스몰데이터는 그 자체로 많은 차이를 지닙니다. 우선 데이터는 처리할 수 있는 역량과 기술이 받쳐 주는 한, 무조건 많은 것이 좋습니다. 통계학적으로 해석해 보면 모수를 설명할 수 있는 표본이 늘어나기 때문입니다.

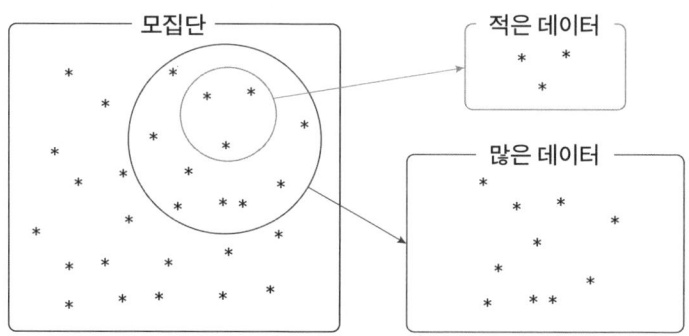

[그림 1-1-3] 데이터 양의 의미

간단한 예시를 들어 보겠습니다. 대한민국 남성의 평균 키를 알고 싶어 설문조사를 하고 이를 데이터화해 추정한다면 어느 정도의 데이터가 필요할까요? 정답은 많으면 많을수록 좋습니다. 10명의 키를 조사해 이를 대한민국 남성의 평균 키로 생각하는 것보다는 100명의 데이터를 살펴보고 평균을 보는 것이 좋으며, 100명보다는 1,000명이 더 좋습니다. 우리나라의 인구를 약 5,000만 명으로 추정할 때 대한민국 전체 인구의 평균 키를 조사하고자 한다면, 가장 좋은 것은 5,000만 명의 키를 모두 조사하는 것일 수밖에 없습니다. 물론 통계학적인 유의미성을 살펴볼 때는 어느 정도 표본 수 이상을 확보하면 그 필요성이 옅어지기는 하지만 기본적으로는 많은 데이터가 당연히 좋습니다.

데이터의 활용 측면에서도 데이터 크기의 중요도는 마찬가지로 적용됩니다. 빅데이터를 가장 직접적으로 활용하는 분야는 인공지능입니다. 그리고 좋은 인공지능, 즉 정확한 인공지능을 만들기 위해서는 데이터의 양이 매우 중요한 영향을 미칩니다. 알파고가 바둑을 잘 두기 위해서는 많은 바둑 기보를 통해 바둑을 잘 두는 법을 학습해야 합니다. 이때 바둑 기보가 곧 데이터 역할을 하며 데이터가 늘어날수록 인공지능은 더욱 높은 성능을 발휘하기 마련입니다.

💡 | 생각해 볼 거리

혹자는 빅데이터가 필요 없다, 빅데이터를 굳이 활용하려 애쓰기보다는 스몰데이터라도 잘 분석하는 기술을 마련해야 한다고 이야기합니다. 작은 숫자의 데이터라도 유의미한 패턴을 발견할 수 있다면 그 자체로 매우 유용하게 활용할 수 있기 때문입니다. 때문에 '빅데이터가 사실은 실체 없는 거품이다'라는 의견도 간혹 나오고 있습니다. 인공지능 기술을 포함하여 빅데이터가 지나치게 강조되고 있는 사회에서 하나의 경고 메시지를 날리는 행위라고 할 수 있습니다.

사실 적은 양의 데이터로도 주어진 문제를 해결할 수 있다면 굳이 빅데이터를 활용할 필요는 없습니다. 그렇기에 빅데이터가 아닌 스몰데이터 분석을 강조하는 것이 마냥 틀린 말이라고 볼 수는 없습니다. 빅데이터는 그 특성상 저장하고 처리하는 것 자체로 많은 비용과 노력이 수반되는 존재입니다. 가장 중요한 대전제는 빅데이터를 사용할 필요가 없는 경우에는 빅데이터를 사용하지 않는 것이 무조건 좋을 수밖에 없다는 점입니다.

다만 앞서 언급하였듯 데이터 수가 증가할수록 통계적 설명력이나 예상치 못한 패턴을 발견하는 데 유리한 것은 엄연한 사실입니다. 종합했을 때, 데이터의 양은 많으면 많을수록 좋다는 것이 중론이기는 하지만, 전문가들 중에서도 빅데이터의 실효성에 대해 의문을 가지는 사람이 분명히 있습니다. 만약 개인적으로 데이터를 다뤄야 할 일이 생긴다면, 혹은 나의 직장에서 데이터를 다뤄야 한다면 확보하고 분석해야 할 데이터 숫자를 어느 정도로 바라볼지에 대해서는 반드시 시간을 들여 고민해야 할 영역입니다.

1-2-2 ▶ 빅데이터 vs 스몰데이터

앞서 빅데이터와 스몰데이터를 비교하며 빅데이터의 실효성에 대해 고민을 해보았습니다. 사실 빅데이터와 스몰데이터를 단순하게 비교하기에는 이 둘을 구분 짓는 명확한 성질은 없습니다. 데이터 개수가 몇 개 이상일 경우에는 빅데이터, 그렇지 않은 경우에는 스몰데이터라고 부르는 정확한 기준이 마련되어 있지 않습니다. 다만 명확한 기준이 없을지라도 누구나 빅데이터라고 공감하는 데이터와 누구나 스몰데이터라고 공감하는 데이터는 존재하기 마련입니다. 그리고 이러한 두 데이터는 명확하게 차이점을 가지고 있습니다.

먼저, 빅데이터는 활용 방법을 명확히 고민하고 정확한 수학적 절차에 따라 데이터를 처리해야 합니다. 주먹구구 방식으로 데이터를 일일이 들여다보며 특성을 살피기에는 데이터 자체가 너무나도 방대하기 때문입니다. 결국 평균, 표준편차 등의 통계 지표를 이용해 분석에 필요한 프로세스에 대하여 명확한 사용 근거를 만들어 분석을 진행하게 됩니다. 이 때문에 빅데이터를 분석할 때는 자연스럽게 인간의 주관적 해석이 개입할 여지가 상대적으로 작아지게 됩니다. 그리고 이는 곧 빅데이터 분석을 통한 결과는 객관성을 띠고 있다고 해석할 수 있습니다.

[그림 1-1-4]

반면, 스몰데이터는 상대적으로 가벼운 마음가짐으로 정보를 습득하기에 좋습니다. 아무래도 데이터의 양이 적은 만큼 엑셀 파일로도 쉽게 열람을 하고 조작을 가할 수 있으며 프로그래밍을 이용해서 데이터를 조작할 때도 소요되는 시간이 훨씬 적게 들기 마련입니다. 또한 마음만 먹는다면 모든 데이터를 사람이 일일이 살펴보는 것도 불가능하지는 않기 때문입니다. 그리고 생각보다 빠르게 데이터를 조작하고 바라볼 수 있다는 사실은 데이터를 직접 분석하는 입장에서 중요한 의미를 지니고 있습니다. 같은 시간이 주어진다고 했을 때 더욱 다양한 실험과 분석을 진행해 볼 수 있기 때문입니다. 사람이 직접 데이터를 살펴보며 문득 특이하다고 생각되는 숫자가 발견되면 이를 깊게 고민해 볼 수 있습니다. 이를 좋게 표현하면 분석가의 주관에 따라 다양한 접근 방법을 적용하여 여러 실험을 해볼 수 있다는 것을 의미하며, 나쁘게 표현하면 분석 결과에 주관성이 개입할 여지가 많다는 것을 의미합니다. 이러한 이유 때문에 스몰데이터를 분석할 때 상대적으로 사람의 감이 중요하게 작동하게 된다고도 볼 수 있습니다.

> **|생각해 볼 거리**
>
> 스몰데이터에 비해 빅데이터는 표본이 훨씬 클 뿐만 아니라 분석가의 자의적 해석이 어렵기 때문에 그 분석 결과가 객관적인 편입니다. 많은 데이터 분석가들은 데이터 자체를 검증하는 것부터 다양한 모델을 씌워 분석 결과를 나타낼 때까지 최대한 객관적인 정보를 도출하려 노력합니다. 하지만 역설적이게도 빅데이터 분석 결과를 활용할 때 가장 큰 관건은 그 결과를 어떻게 인간이 해석하느냐에 달려 있는 경우가 많습니다. 아무리 객관적인 알고리즘을 통해서 분석 절차를 거쳤다고 할지라도 최종 숫자를 해석하는 역할은 인간밖에 할 수 없기 때문입니다.
>
> 예를 들어, 특정 기업에서 고객 정보를 활용할 수 있다면 이를 바탕으로 많은 분석을 진행할 수 있습니다. 가장 직관적으로 우리 회사 고객은 어떤 성별/연령이 주를 이루고 있는지 볼 수 있습니다. 하지만 단순히 고객 중 20대의 비중, 30대의 비중 등 객관적인 수치만을 나열하고 끝내는 것은 좋은 빅데이터 분석 사례가 아닙니다. 분석 결과에 주관적 해석을 더해 특정 성별이나 연령이 우리 제품을 사용하지 않는 이유 등을 파악해 이야기(Story)를 만들 줄 알아야 합니다. 물론 20대의 비중, 30대의 비중 등 기본적인 분석은 반드시 객관적인 절차를 통해서만 이루어져야 합니다.
>
> 이처럼 빅데이터 분석은 주관성이 배제되지만 주관적 해석이 반드시 필요한 역설적인 성격을 띠고 있습니다. 이러한 성격 때문에 빅데이터 분석의 결과는 누구나 이해할 수 있는 당연한 결과로 이어지기도 하고 누구도 생각하지 못한 혁신적인 결과로 이어지기도 합니다. 이러한 빅데이터 분석의 성격을 잘 이해하는 것이 빅데이터를 보다 잘 활용할 수 있는 기본적인 준비물이라 할 수 있습니다.

1-3 빅데이터 동향

1-3-1 ▶ 정형/비정형 데이터

빅데이터 시대에 들어서며 생겨난 빅데이터 특징의 가장 대표적인 개념은 3V라고 할 수 있습니다. 그리고 그러한 3V 중에는 다양성(Variety)이라는 개념이 있었습니다. 다양성이라는 개념은 정형화된 숫자 형식의 데이터뿐 아니라 텍스트, 이미지, 음성 등 다양한 형식의 자료가 데이터로 함께 인식되기 시작하였다는 것을 의미합니다. 그리고 이를 위해서는 텍스트, 이미지 등 비정형 데이터에 대한 분석 방법이 존재해야 합니다. 분석하지 못하는 대상이라면 굳이 데이터를 쌓아 둘 필요가 없기 때문입니다. 즉, 빅데이터의 다양성을 늘려 준 결정적인 계기는 바로 비정형 데이터 활용의 발전입니다.

데이터는 크게 정형 데이터와 비정형 데이터로 나눌 수 있습니다. 정형 데이터(Structured Data)란 규칙에 의해 명확히 저장되고 정의되는 데이터를 의미하며 비정형 데이터(Unstructured Data)는 반대로 명확히 정의된 규칙 없이 저장되는 데이터를 의미합니다. 일반적으로 정형 데이터는 데이터라는 이미지를 떠올릴 때 쉽게 생각나는 수치형(숫자 형태)의 데이터를 가리키는 경우가 많으며 비정형 데이터는 텍스트, 이미지, 음성 등 사칙연산이 힘든 데이터 형태를 가리키는 경우가 많습니다. 이 때문에 비정형 데이터는 상대적으로 오랫동안 활용이 되지 못한 데이터입니다. 하지만 최근에는 수학적 개념과 발전된 인공지능 알고리즘을 사용해 이러한 비정형 데이터를 활용할 방법이 비약적으로 발전하고 있습니다.

[그림 1-1-5]

현재 이 세상에 존재하는 모든 데이터를 정형 데이터와 비정형 데이터로 양분한다고 했을 때 비정형 데이터의 비율은 약 85%라고 합니다. 빅데이터의 개념이 희미한 시절에는 이러한 방대하면서도 비정형적 성격을 띄는 데이터는 저장할 방법도 마땅치 않았으며 수학적으로 연산할 방법도 없었기 때문에 데이터라 함은 대부분 정형 데이터를 의미했습니다. 하지만 최근에는 SNS상의 텍스트, CCTV 속의 이미지 등 비정형 데이터를 사용하는 방법론과 그 활용성이 높아지고 있어 그에 따라 비정형 데이터의 양과 중요성이 점차 강조되고 있습니다.

생각해 볼 거리

빅데이터를 활용하는 대표적 방법인 통계적 분석, 인공지능 방법론 등은 모두 수학적 연산 처리가 핵심입니다. 하지만 단순히 생각해 보면 텍스트나 이미지, 음성, 동영상 등의 비정형 데이터는 모두 숫자로 표현할 수 없는 객체들입니다. 그렇기에 가장 기초적인 수학 연산인 사칙연산조차 비정형 데이터에는 적용할 수 없습니다. 이를 생각해 보았을 때 텍스트, 이미지와 같은 비정형 데이터가 아무리 활용성이 높아진다고 해도 이를 실제로 어떻게 분석할지에 대해서는 직관적으로 이해하기 어려울 수 있습니다.

비정형 데이터의 발전 계기를 딱 한마디로 표현하자면, 비정형 데이터를 숫자로 표현하는 방식의 발전입니다. 물론 특정 사진을 1이라는 숫자로 바꾸고 특정 단어를 2로 치환하는 등 모든 데이터를 단순히 하나의 숫자로 변환하는 단순한 차원의 이야기는 아닙니다. 많은 학자들은 숫자들의 조합을 통해 텍스트와 이미지 데이터를 표현하기 시작했습니다. 특정 숫자의 조합을 특정 단어와 특정 이미지로 표현하기 시작한 것입니다. 그리고 이러한 방식을 도입하기 위해 이용되는 개념이 수학에서의 벡터와 행렬입니다.

단어를 숫자 하나가 아닌 숫자의 집합으로, 이미지 파일에서 픽셀별 색깔 정보를 숫자로 표현하고 그 숫자의 집합으로 표현한 것이 바로 구체적인 비정형 데이터의 기본적 표현 방식입니다. 이를 통해 비로소 텍스트, 이미지 등의 비정형 데이터도 일반 정형 데이터와 같이 수학적 연산이 가능하게 됐습니다. 많은 사람들이 빅데이터와 인공지능을 공부함에 있어 수학의 중요성이 어느 정도이며 수학 안에서도 어떤 분야가 중요한지에 대해 궁금함을 가지고 있습니다. 비정형 데이터의 이러한 특성은 빅데이터와 인공지능을 바라봄에 있어 수학이라는 학문을 연관시키는 가장 중요한 연결고리입니다.

1-3-2 ▶ 빅데이터 플랫폼

최근 빅데이터 동향을 이야기할 때 절대 빠질 수 없는 내용이 바로 빅데이터 관련 플랫폼들의 등장과 발전입니다. 여기서 플랫폼이란 정보를 공유하는 커뮤니티, 빅데이터 경진대회 개최 플랫폼, 빅데이터 분석을 위한 클라우드 서비스 등 포괄적인 의미를 담고 있습니다. 생각해 보면 꼭 빅데이터나 인공지능이 아닐지라도 특정 분야의 발전은 많은 사람들이 관심을 가지게 되고 그러한 사람들이 정보 공유를 시작할 때 비로소 이루어지기 마련입니다. 빅데이터 역시 관련 플랫폼의 성장으로 많은 정보가 공유되고 분야 그 자체가 발전하였음은 절대 무시할 수 없습니다.

특히 캐글(kaggle.com)로 대표되는 빅데이터/인공지능 정보 공유 및 경진대회 개최 플랫폼은 많은 학습자로 하여금 최신 분석 트렌드를 학습하고 적용하게 하는 데 큰 기여를 하고 있습니다. 이러한 플랫폼은 많은 학습 자료를 제공해 줄 뿐 아니라 사용자 간 토의 문화를 발달시켜 빅데이터/인공지능 관련 다양한 논의의 장을 만들기도 합니다. 또한 다양한 기업의 데이터 문제 해결 니즈 및 실제 데이터를 전달받아서 공모전의 형태로 경진대회를 개최해 많은 학생들에게 실제 기업의 데이터를 다루는 경험을 쌓도록 하고 있습니다.

또한 사람들로 하여금 긍정적인 경쟁 효과를 부추긴다는 것이 이러한 플랫폼의 빼놓을 수 없는 장점이라고 할 수 있습니다. 같은 데이터와 문제를 받아들였을 때 데이터 전문가들은 각기 다른 해법을 통해 문제를 해결하기 마련입니다. 이때 빅데이터/인공지능 분야는 각기 다른 해법의 우수함이 숫자로 명확하게 평가된다는 특징이 있습니다. 즉, A라는 데이터 전문가가 만든 문제에 대한 해법과 B라는 데이터 전문가가 만든 문제에 대한 해법 중 명확하게 어느 것이 더 우수한지 평가를 할 수 있습니다. 이는 자연스럽게 사람들로 하여금 빅데이터/인공지능 분야에 승부욕을 가지고 빠져들게 만드는 요소로 자리 잡게 합니다.

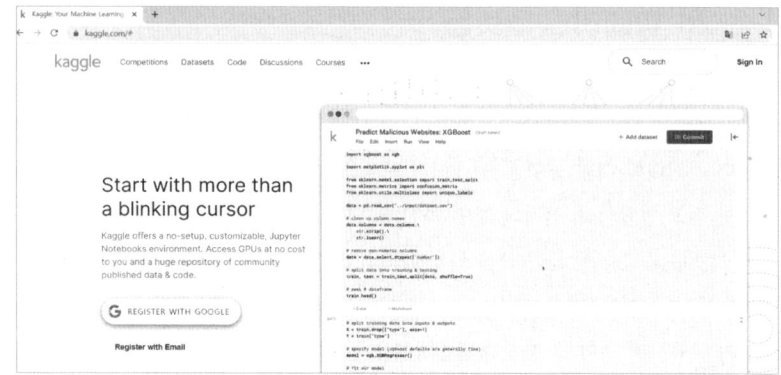

[그림 1-1-6] 데이터과학 경진플랫폼 캐글

여기에 더해 클라우드 서비스의 발전은 빅데이터 및 인공지능 시대를 가속화하는 데 매우 중요한 요소로 자리 잡고 있습니다. 일반 개인이 초대형 데이터를 저장하고 처리할 만큼의 좋은 PC를 구비하기엔 현실적으로 무리가 있는 것이 사실입니다. 이는 데이터 분야를 공부하는 학생들의 가장 큰 고민거리이기도 합니다. 이때 구글, 아마존과 같이 거대 기업들은 GCP/AWS 등 클라우드 서비스라는 이름으로 다양한 자원을 제공해 주고 있습니다. 이러한 거대 기업이 제공해 주는 자원을 잘 활용한다면 누구나 어렵지 않게 빅데이터를 저장하고 분석할 수 있습니다. 즉, 클라우드 서비스 역시 하나의 플랫폼 차원에서 생각해 본다면 빅데이터와 인공지능 발전에 엄청난 기여도를 가지고 있다고 할 수 있습니다.

> **생각해 볼 거리**
>
> 빅데이터, 인공지능, 클라우드 서비스는 모두 4차 산업혁명을 대표하는 기술입니다. 일반적으로 사람들은 이 기술들이 너무도 복잡하고 어려워 보이기 때문에 각각의 기술 자체만 이해하려는 경향이 있습니다. 이 중 하나의 기술이라도 제대로 이해하기에는 상당히 많은 시간과 노력이 필요하다는 점 역시 분명한 현실이기도 합니다. 하지만 여기서 한 가지 눈여겨볼 것은 4차 산업혁명과 관련된 이 기술들이 모두 독립적으로 존재하는 것이 아니라 상호 간 연관성이 있다는 점입니다.

클라우드 서비스는 Cloud Computing 기술을 통해 제공되는 서비스로 메모리, GPU 등 하드웨어 자원을 웹을 통해 제공받을 수 있는 것을 의미합니다. 앞서 언급한 이유로 클라우드 서비스는 빅데이터에 대한 접근성을 비약적으로 높여 주었습니다. 컴퓨터 하드웨어를 구비하는 데 현실적인 한계를 겪고 있는 많은 데이터 분석가나 데이터 과학자들에게 새로운 방법을 제시해 주었기 때문입니다. 이제는 클라우드 서비스를 통해서 데이터를 저장하는 것부터 시작해서 분석 코딩을 진행하는 것까지 너무도 편리하게 이루어집니다.

한편 AWS, GCP 등 데이터 처리를 위한 자원을 제공하고 나아가서는 분석 환경까지 제공하는 클라우드 시장 역시 데이터 시장이 커짐에 따라 많은 성장을 이뤘습니다. 이는 빅데이터 종사자들이 클라우드 서비스의 거대한 고객군으로 자리 잡았다는 것을 의미합니다. 이 사실을 고려하면, 빅데이터 시장이 클라우드 서비스 발전에도 긍정적 영향을 미치고 있음이 분명합니다. 빅데이터 시대를 넘어 4차 산업혁명 전반의 이해도를 높이기 위해서 클라우드 서비스와 빅데이터/인공지능의 관계를 이해하는 것은 매우 중요한 일입니다.

Chapter 2

빅데이터 분석 역량

Chapter 2
빅데이터 분석 역량

빅데이터 시대가 도래하면서 많은 사람들이 데이터 분석가, 데이터 과학자 등 빅데이터 관련 직종으로의 진로를 희망하고 있습니다. 데이터 관련 전문가는 다른 영역과 마찬가지로 직업을 가지기 위해서 특정한 역량을 갖추어야 합니다. 데이터 전문가가 갖추어야 할 능력을 말할 때 일반적으로는 크게 3가지 역량이 필요하다 일컬어지고 있습니다. 그 3가지는 각각 프로그래밍 능력, 수학/통계학 지식, 도메인 지식입니다. '2. 빅데이터 분석 역량'에서는 이 3가지 역량이 무엇인지, 왜 데이터 전문가에게 이 역량이 중요한지에 대해 살펴보도록 하겠습니다.

2-1 프로그래밍 능력

2-1-1 프로그래밍 능력이 필요한 이유

프로그래밍 능력은 프로그래밍 언어를 자유자재로 다룰 줄 아는 역량을 의미하고 프로그래밍 언어는 컴퓨터 시스템을 작동시키기 위한 언어 체계를 뜻합니다. 결국 프로그래밍 역량이 우수하다는 것은 분석하고자 하는 계획이나 개념을 컴퓨터를 통해 그대로 구현하는 능력을 의미합니다. 프로그래밍 능력이 좋은 사람이라는 것은 일반적으로 생각하기에 코딩을 잘 하는 사람이라는 개념과도 유사합니다. 빅데이터 시대가 도래하기 전 일반적으로 프로그래밍 능력은 개발자 직무 외에는 크게 그 중요성이 강조되지 않았습니다.

하지만 최근에는 빅데이터를 다루기 위해서도 컴퓨터 프로그램을 반드시 이용할 줄 알아야 합니다. 데이터 수가 워낙 방대해 계산기를 통해 일일이 무언가를 계산하는 것은 사실상 불가능에 가까우며, 일반 직장인이나 학생들이 많이 이용하는 엑셀 프로그램의 경우도 데이터가 특정 개수 이상 넘어가면 아예 파일을 여는 것이 불가능합니다. 직장인들이라면 엑셀에 너무 많은 데이터가 담겼을 때, 그 속도가 현저하게 느려지는 현상을 경험해 본 적이 있을 것입니다. 이때, 일반적인 직종이 아닌 데이터를 전문적으로 다루는 직종의 사람이라면 엑셀로 데이터를 다루는 것이 매우 힘들거나 혹은 아예 불가능할 수 있습니다. 결국 컴퓨터 프로그램이 없다면 방대한 양의 데이터를 불러오고, 필요한 연산을 진행하거나 분석을 하는 일체의 활동이 불가능하게 됩니다.

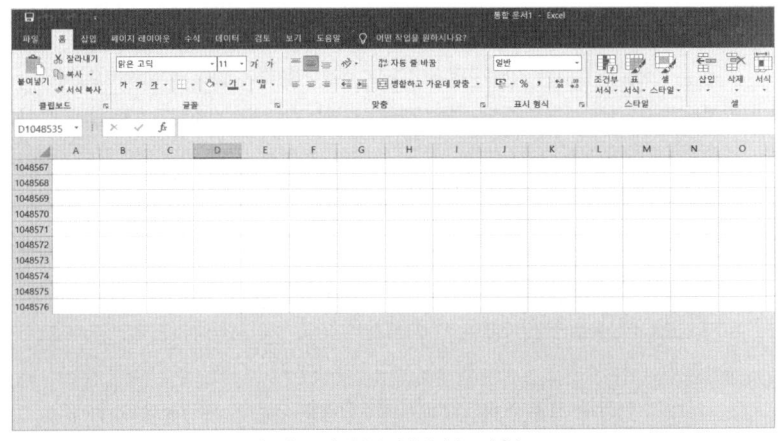

[그림 1-2-1] 엑셀의 최대 데이터 표시 개수

만약 프로그래밍 역량이 전무하다면, 아무리 뛰어난 지식을 가지고 있다고 할지라도 실제 분석 작업과 데이터 처리 작업의 수행을 외부 인력에게 맡겨야 합니다. 실제 데이터를 처리하고 분석하는 그림을 그리고 기획을 할 뿐입니다. 만약 이런 사람이 실제로 존재한다면 그 사람을 데이터 분석가나 데이터 과학자로 칭하기에는 분명 무리가 따릅니다. 즉, 프로그래밍 역량은 빅데이터를 다룸에 있어 필수불가결한 역량이라고 말할 수 있습니다.

> **| 생각해 볼 거리**
>
> 프로그래밍은 데이터를 분석하는 수단이 되므로 궁극적으로는 빅데이터 분야에서 도구와 같은 역할을 하게 됩니다. 이후 설명할 통계학이나 도메인 지식은 절대 도구의 역할을 하지는 않습니다. 데이터 분석의 목적이나 수단을 결정하는 통계학이나 도메인 지식은 오히려 빅데이터의 본질 그 자체로 보는 것이 더 맞습니다. 이러한 속성 때문에 프로그래밍 역량의 경우 수학/통계학, 도메인 지식과는 다른 독특한 특성을 지니고 있습니다.
>
> 사실, 통계학과 도메인 지식은 조예가 깊을수록 빅데이터 분석을 시행할 때 더 깊이 있는 분석으로 연결되는 경우가 많습니다. 분석을 진행함에 있어 통계적인 오류를 발생시키거나 실무적으로 중요한 데이터를 간과할 가능성이 감소되기 때문입니다. 또한 기술적으로 복잡하고 어려운 분석을 수행할 줄 아는 사람이라면 데이터 속 어떠한 악조건에서도 분석 목적에 부합하는 결과물을 내놓을 확률이 상대적으로 높습니다.
>
> 반대로 프로그래밍의 경우, 역량이 우수한 것이 무조건적으로 질 높은 분석을 보장하지 않습니다. 프로그래밍이라는 것 자체가 수학/통계학 지식이나 도메인 지식을 분석에 적용하도록 하는 도구에 불과하기 때문입니다. 데이터 분야를 새롭게 공부하는 사람들의 가장 큰 고민 중 하나가 코딩(프로그래밍) 경험이 전무하다는 것입니다. 물론 프로그래밍 없이 데이터 분석을 하는 것은 불가능합니다. 하지만 원활한 분석을 위해 프로그래밍 역량은 일정 수준에만 도달하면 됩니다. 그리고 분석에 필요한 프로그래밍 수준을 갖추는 것은 생각보다 어렵지 않을 수 있습니다.

2-1-2 ▶ 파이썬과 R

빅데이터를 다루기 위해서는 프로그래밍 능력이 필수입니다. 그리고 빅데이터 분야에서 가장 중요한 컴퓨터 프로그래밍 언어를 두 가지만 뽑으라 하면 파이썬(Python)과 R을 들 수 있습니다. 물론 SQL과 같이 많이 사용되면서도 중요한 프로그래밍 분야가 있기는 하지만 데이터 분석만을 놓고 보면 사실상 파이썬과 R이라는 프로그래밍 언어가 사용되는 프로그램의 전부라고 봐도 무방합니다. 두 프로그래밍 언어 모두 데이터 분석가나 데이터 과학자들을 위해 다양한 기능을 제공하고 있으며 다행히 이 기능들은 너무도 훌륭해 해당 프로그래밍 언어를 사용한다면, 실제 분석 업무에 필요한 모든 상황에 대처하는 것이 가능합니다.

더욱이 파이썬과 R은 모두 특유의 장점을 분명하게 가지고 있는 프로그래밍 언어이기도 합니다. 그렇기 때문에 파이썬 코딩과 R 코딩 중 하나를 완벽하게 할 줄 안다면 통계 분석이나 인공지능 구현 등 특정 영역에서 엄청난 인기를 끌 사람이 될 확률이 높습니다. 하지만 이러한 사실과는 별개로 많은 사람들이 파이썬을 공부해야 하는지, R을 공부해야 하는지에 대해 고민을 하곤 합니다. 실제로 두 프로그래밍 언어 중 어떤 것을 공부하는 것이 더 좋은지는 오랜 시간 동안 인터넷상에서 많은 사람들의 토론 거리가 되기도 하였습니다.

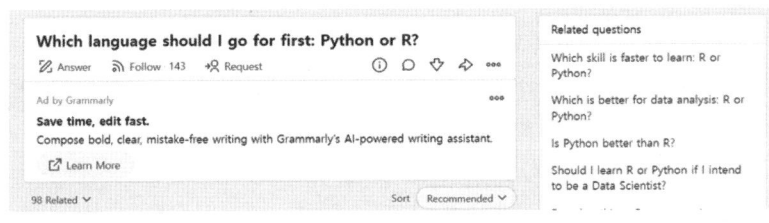

[그림 1-2-2] Python vs R

많은 사람들이 두 프로그래밍 언어 중 어떤 것을 선택할지 고민하는 만큼 두 언어의 인기도 시간의 흐름에 따라 변하기 마련입니다. 양 프로그래밍 언어의 이용자 수를 보면 초기에는 상대적으로 R을 이용하는 사람이 많았습니다. 하지만 시간이 흐를수록 R에 비해 파이썬의 인기가 높아지고 있습니다. 이는 최근 빅데이터 분야의 트렌드가 인공지능에 초점이 맞춰져 있고 인공지능을 구현하기 위한 핵심 프레임워크들이 파이썬 언어를 기반으로 작동하고 있는 경우가 많기 때문에 그렇습니다.

2-2 수학과 통계학

2-2-1 ▶ 빅데이터와 수학

수학은 빅데이터 분야에서 빼놓을 수 없는 한 가지 역량입니다. 통계학 역시 수학의 한 부분으로 이해할 수도 있지만 여기에선 통계학을 별개의 학문으로 가정하겠습니다. 앞서 이전부터 데이터는 정형 데이터 즉 숫자 형태로 정의된 데이터를 많이 이용한다고 하였으며 최근 중요성이 강조되고 있는 비정형 데이터 역시 결국 숫자의 형태로 치환된다고 했습니다. 따라서 숫자들의 연산을 자연스럽고 논리적으로 진행하기 위해서는 수학에 대한 지식을 갖추는 것이 중요합니다.

빅데이터와 수학의 관계를 이해할 때 많은 사람들이 오해하는 것이 하나 있는데, 바로 빅데이터 분석을 위해 매우 수준 높은 수학적 지식이 필요하다고 생각하는 점입니다. 그런데 실상을 알고 보면 데이터 분석 시에 필요한 수학은 그렇게 높은 수준이 아닙니다. 데이터를 처리할 때 생각보다 복잡한 수학 계산을 진행하는 경우는 드물며 간단한 연산을 반복적으로 진행하는 경우가 많기 때문입니다. 또한 데이터의 설명을 위해 자주 사용되는 개념인 평균, 중간값, 표준편차 등은 따로 수학을 공부하지 않더라도 많은 사람들에게 익숙한 개념이기도 합니다.

다만 빅데이터 분석에서 점차 트렌드가 되고 있는 인공지능 분야에서는 이야기가 조금 다릅니다. 인공지능 모델을 이해하기 위해서는 단순 데이터 분석 시와는 다르게 높은 수학적 지식이 필요합니다. 최근 인기를 끌고 있는 인공지능 모델은 모두 수학을 기반으로 구축되었기 때문입니다. 또한 최근 인공지능은 비정형 데이터에 초점을 두고 발전되고 있는 경향이 있습니다. 이때 비정형 데이터를 수치로 변환하고 그 개념을 이해하는 것에는 수학적 역량이 중요합니다. 이 때문에 인공지능에 초점을 맞추어 공부를 하고자 하는 사람이 있다면 수학 공부는 선택이 아닌 필수라 할 수 있습니다.

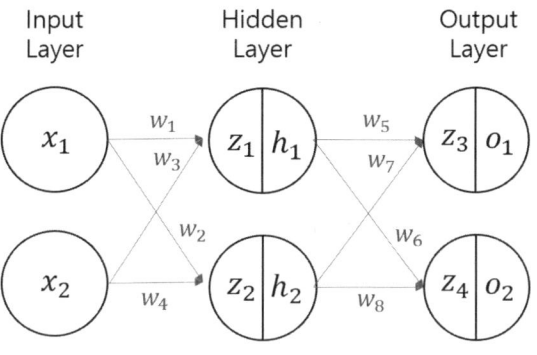

[그림 1-2-3] 딥러닝 알고리즘의 기본 수학 산식

> ### | 생각해 볼 거리

수학이 빅데이터 분야에서, 특히 인공지능을 위해 정말 중요한 학문이라는 것은 부정할 수 없는 사실입니다. 하지만 수학이라는 학문은 생각보다 많은 내용을 담고 있습니다. 대부분의 학문이 그렇듯 수학 역시도 수학이라는 하나의 단어로 부르기에는 그 안에 너무도 다양한 세부 분야가 있습니다. 수능을 위해 공부하는 수학만 해도 그 과목이 꽤 여러 가지로 나눠진다는 것을 생각해 보면 이해가 쉽습니다.

다행히 빅데이터나 인공지능을 위해서 수학의 모든 분야를 잘 알고 있을 필요는 없습니다. 수학 지식의 상징 격인 피타고라스 정리, 근의 공식 등을 포함해 수학의 많은 부분은 데이터 전문가가 습득하고 있을 필요가 없는 경우가 많습니다. 실제로 빅데이터와 인공지능 역량을 쌓는 것에 있어 수학적 역량이 중요하기에 수학만을 따로 공부하는 사람들도 많습니다. 하지만 그렇게 수학이라는 학문만을 따로 공부하다 보면 실제 데이터를 다루는 것과는 전혀 연관이 없는 공부를 하고 있다는 회의감에 빠지기 쉽습니다.

인공지능 모델에 필요한 수학 연산을 매우 간단히 표현하면 입력 값 X에 따른 출력 값 Y의 조정입니다. 이때 많은 사람들은 X값 변화에 따른 Y 변동 정도에 관심을 가집니다. 여기에 더해 1장에서는 많은 비정형 데이터들이 수의 집합인 벡터, 행렬의 형태로 표현

> 된다고 했습니다. 결국 데이터를 다루는 데 가장 중요한 수학 영역은 이 부분입니다. 이 영역들은 수학 안에서 선형대수학, 미적분이라는 이름으로 통용되곤 합니다.

2-2-2 ▶ 빅데이터와 통계학

최근에는 빅데이터의 중요성이 강조되면서 대학 내 다양한 전공에서 빅데이터 분석과 관련된 지식을 가르치고 있습니다. 컴퓨터공학, 산업공학, 수학, 통계학, 경영학, 경제학, 문헌정보학 등 기존의 전공과목들에 빅데이터 관련 강의가 생기고 있습니다. 여기에 더해 최근에는 빅데이터, 인공지능학과라는 전문 학과까지 탄생하고 있습니다. 하지만 빅데이터 트렌드가 강조되기 이전을 생각해 보면 지금의 데이터를 분석하는 방법을 가르치는 전공은 사실상 통계학이 유일했습니다. 통계학은 빅데이터 분야에서 가장 전통적인 영역이라고 할 수 있습니다.

실제로 데이터를 분석하다 보면 빈도, 평균, 표준편차 등 기본적인 통계 개념만을 이용해서 분석을 끝내는 경우를 많이 발견할 수 있습니다. 굉장히 간단한 통계 개념들이지만 데이터를 통해 현상을 이해하고 패턴을 파악할 때 매우 강력한 효과를 지니고 있기 때문입니다. 그래서 복잡하고 어려운 절차 분석이 없더라도 단순한 통계 개념들을 이용해 논리와 이야기(Story)를 엮어낼 수 있다면 정말 훌륭한 데이터 분석 결과물이 나오기도 합니다. 물론 어려운 문제 상황과 어려운 데이터를 보유한 상황이라면 당연히 복잡한 통계 기법을 사용할 줄 아는 것이 중요한 해결책으로 작동하는 경우도 많습니다.

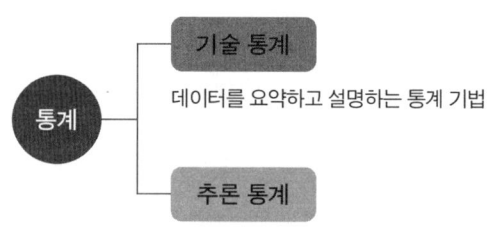

[그림 1-2-4] 통계학의 거시적 분류

위에 서술한 평균, 표준편차 등 데이터의 기본적인 상태를 설명하는 통계학 분야를 기술 통계(Descriptive Statistics)라고 부릅니다. 그리고 통계에는 기술 통계 외에도 데이터를 통해 특정 사실을 추론해 내려는 추론 통계(Inferential Statistics)라는 분야가 있습니다. 추론 통계의 핵심은 가설을 세우고 그 가설이 데이터 및 전체 집단에 들어맞을 확률을 구하는 가설 검정입니다. 이 가설 검정은 데이터를 분석하는 데 필요한 또 하나의 중요한 기둥입니다. 특정 사실을 추론한다는 것은 다가오지 않은 미래를 예측하는 데 직접적으로 연관이 될 수 있기 때문입니다.

생각해 볼 거리

통계적 지식은 그 활용 범위가 정말 넓습니다. 특히 대학에서 학술적인 연구를 진행하는 교수 및 대학원생은 통계학 전공이 아닐지라도 통계 분석 기법을 잘 알고 적용해야 할 필요가 있습니다. 사회과학 분야에서는 특정 사회 현상의 원인을 규명하는 경우가 많으며 순수 과학 분야에서는 실험 결과를 통계적으로 입증하는 경우가 많습니다. 이를 위해 통계학에서의 가설 검정 개념은 필히 알고 있어야 합니다.

동시에 최근에는 다양한 직종과 전공에서, 다양한 사람이 데이터 분석에 대한 니즈를 느끼는 경우가 많습니다. 빅데이터 분야에서 사용하는 용어나 개념이 다른 필드에서 사용되는 빈도가 점차 높아지고 있기 때문입니다. 하지만 빅데이터 분석이 필요하다고 생각되었던 상황 중 많은 부분들이 특정 통계 분석으로만으로 마무리되는 경우가 많습니다. 빅데이터에 대한 전반적인 지식까지 필요가 없는 상황이라고 할 수 있습니다. 즉, 알고 보면 통계 지식에 대한 니즈가 있는 것이지만 이에 오해가 생겨 빅데이터 자체에 대해 니즈를 느끼고 있는 경우가 많습니다.

이 때문에 내 분야에서 발전하기 위해 빅데이터를 공부하고자 한다면 본인이 어떤 것에 니즈를 느끼고 있는 것인지 잘 고민해 보아야 합니다. 빅데이터 자체에 대한 학습이 본인의 분야에서 정말 필요한 것인지, 혹은 특정 통계 지식 몇 개만 있으면 해결이 될 수 있는지에 대해 판단을 할 줄 알아야 합니다. 만약 전반적인 빅데이터 지식이 필요가 없는데 이를 공부한다면 프로그래밍, 머신러닝 등 본인 상황에는 필요가 없는 내용을 공부하는 데 많은 시간을 쏟을 수도 있습니다.

2-3 도메인 지식

2-3-1 ▶ 도메인 지식이란?

빅데이터 분석 역량 중 마지막 한 축은 도메인 지식(Domain Knowledge)입니다. 여기서 Domain은 영역, 분야 정도로 번역되는 영어 단어입니다. 이를 숙지하고 있다면 도메인 지식이라는 개념을 쉽게 이해할 수 있습니다. 도메인 지식은 특정한 하나의 학문에 대한 지식을 뜻하지 않습니다. 빅데이터와 인공지능이 적용되는 각 산업이나 학문에 대한 지식을 도메인 지식이라 합니다. 쉽게 말하면 빅데이터와 인공지능을 적용하는 그 어떤 회사일지라도 그 회사가 속한 산업과 사업 자체에 대한 지식이 바로 도메인 지식이 될 수 있습니다.

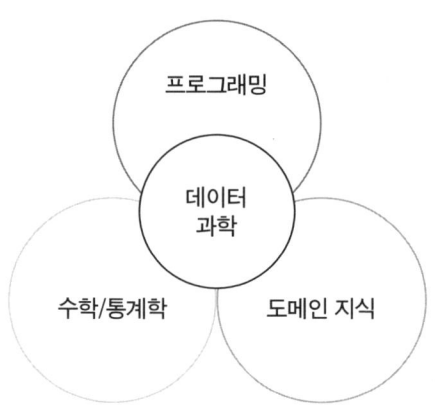

[그림 1-2-5] 빅데이터 분석의 3대 영역

빅데이터 분석은 정말 다양한 분야에서 적용될 수 있습니다. 의류 산업에 빅데이터를 적용해 볼 수도 있고, 스포츠 산업에 빅데이터를 적용할 수도 있습니다. 여기에 게임 산업, 반도체 산업 등 빅데이터 분석이 적용 가능한 산업은 무궁무진합니다. 이때 의류 산업에 빅데이터를 적용한다면 의류 산업에 대한 지식이, 스포츠 산업에 빅데이터를 적용한다면 스포츠 산업에 대한 지식이 곧 도메인 지식이 됩니다. 도메인 지식은 데이터를 분석하는 데 정말 중요하게 작용합니다. 높은 도메인 지식은 데이터를 통해 어떤 문제를 해결해야 할지, 즉 문제 정의와 분석 목적을 설정하는 데 필수라고 할 수 있습니다. 또한 높은 도메인 지식을 가지고 있다면 실제 사업에서 중요한 요소를 잘 알고 있기 때문에 필요한 데이터를 선정하고 그 안에서 다시 핵심 변수(속성)를 선택하는 등에 있어 큰 장점을 지닐 수 있습니다.

그리고 이따금씩 도메인 지식이 곧 경영학적인 지식을 의미할 때도 있습니다. 보통의 경우 빅데이터를 실제로 가장 많이 활용하는 집단은 기업들입니다. 이때, 경영학적인 지식은 아무리 산업이 달라지더라도 어느 정도 비슷한 내용을 공유하고 있는 경우가 많습니다. 따라서 데이터 적용 분야를 막론하고 경영학적인 지식은 매우 중요한 도메인 지식이 될 수 있습니다. 최근에는 경영학과에서도 기업 운영, 마케팅 측면에서 빅데이터 분석을 강의하는 경우가 많아지고 있는데, 그 원인을 여기서 해석해 볼 수 있습니다.

생각해 볼 거리

인터넷이나 유튜브를 살펴보다 보면 '투자 전문가 vs 인공지능'의 투자 성과 대결과 같이 '어떤 분야의 전문가 vs 인공지능'이라는 대결 양상을 보여주는 경우를 쉽게 찾아볼 수 있습니다. 이때 전문가의 역할을 가지고 등장하는 사람들이 바로 도메인 지식을 훌륭하게 갖춘 사람들이라고 볼 수 있습니다. 즉 그러한 대결 구도를 다시 치환하면 도메인 전문가 vs 인공지능으로 바꾸어 해석을 해볼 수 있습니다.

다만 많은 사람들이 이러한 대결을 구경하며 빅데이터/인공지능의 발전을 두려워하곤 합니다. 하지만 실제 데이터 분석 분야의 현실을 살펴보면 도메인 전문가들이 의사결정에 중요한 역할을 하게 되는 경우가 많습니다. 즉, 데이터 분석 팀은 도메인 전문가와 대결 구도를 벌이고 있지 않으며 오히려 도메인 전문가가 인공지능을 탄생시키는 데 기여를 하고 있습니다. 결국 전문가와 빅데이터/인공지능은 서로 반드시 이겨야만 하는 대척 관계에 있는 것이 아닌, 상호보완 관계에 있다고 보는 것이 맞습니다.

이를 한 번 더 확대해서 생각해 보면, 빅데이터와 인공지능은 인간의 업무를 없애기 위해 존재하는 것이 아닙니다. 어디까지나 하나의 도구 역할을 하면서 빅데이터, 인공지능은 발전하고 있습니다. 많은 사람들은 인공지능이 발전하면 해당 분야의 현직자, 즉 도메인 전문가들이 일자리를 잃지 않을까 걱정하고 있습니다. 하지만 각 도메인 전문가들 역시 본인의 업무를 효율적으로 진행하기 위해 빅데이터와 인공지능을 오히려 적극적으로 활용하고 있음을 인지해야 합니다.

2-3-2 ▶ 도메인 지식의 중요성

공부를 하는 학생 입장에서 생각해 보면 대부분의 시간을 도메인 지식보다는 빅데이터 분석 역량의 다른 두 축인 프로그래밍, 수학/통계학 지식 학습에 소비하는 경우가 많습니다. 아무래도 취업을 하고 직장이 정해지기 전까지는 도메인이라는 것 자체가 결정되기도 힘들기 때문입니다. 여기에 더해 도메인 지식은 책이나 강의를 통해 학습을 하기보다는 실제 경험을 통해 습득되는 경우가 많습니다. 즉 도메인 지식은 빅데이터 분야에 있어 3대 역량으로 불리는 위치에 있기는 하지만 실제로 사람들이 이를 습득하기 위해 노력하는 경우는 상대적으로 찾아보기 힘듭니다.

또한 이러한 특성 때문에 도메인 지식은 상대적으로 프로그래밍 역량이나 수학/통계학 지식에 비해 그 중요성이 과소평가되는 경우가 많습니다. 어찌 보면 기업체에서 빅데이터를 분석하는 것이 아닌 일반적인 학생을 생각한다면, 특정 도메인이라는 것 자체가 존재하지 않는 경우가 많기 때문에 도메인 지식이 중요하지 않다는 것이 진짜 사실일 수는 있습니다. 하지만 도메인 지식의 중요성은 아무리 강조해도 지나치지 않을 만큼 높은 도메인 지식을 지닌 분석가와 그렇지 않은 분석가 간에는 업무에 있어 많은 차이가 나타납니다.

특히 특정 산업에서 데이터를 분석하는 등 분명한 도메인이 존재하는 분야라면 도메인 지식은 이루 표현할 수 없을 정도로 중요한 역할을 하게 됩니다. 실제로 현업에서 데이터를 살펴보다 보면, 상상하는 것보다 데이터 자체를 이해할 수 없는 경우가 많습니다. 로그 데이터가 되었건 설문 데이터가 되었건 지식이 있어야 그 배경을 알고 데이터를 해석할 수 있는 경우가 너무도 많기 때문입니다. 그 데이터가 어떤 상황에서 수집된 것인지, 그리고 데이터 속에 들어 있는 너무도 많은 전문 용어들이 무엇인지 이해하는 것이 절대 쉽지 않습니다. 이때 도메인 지식은 전체 분석 시간을 비약적으로 단축시켜 주고, 데이터 속 유용한 의미를 찾아내는 데 가장 중요한 열쇠입니다.

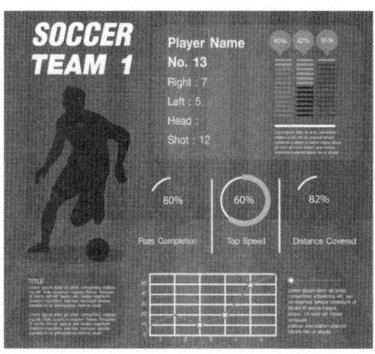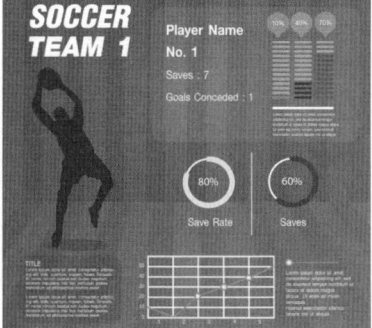

[그림 1-2-6] 스포츠 데이터 분석

생각해 볼 거리

도메인 지식은 데이터 분석을 적용하는 분야에 따라 달라지는 것이기 때문에 빅데이터 전문가라 할지라도 훌륭한 도메인 지식을 갖추지 못한 경우가 많습니다. 따라서 보통 빅데이터 프로젝트를 진행한다고 하면 프로젝트를 진행하는 팀에 도메인 전문가가 포함되는 것이 매우 중요합니다. 풍부한 도메인 지식을 바탕으로 전체 프로젝트의 방향성을 제시해 줄 수도 있으며 데이터, 변수 선정 등에 큰 효율성을 선사할 수 있기 때문입니다. 빅데이터 전문가가 부족한 역량에 대해 보완 작업을 해줄 수 있는 것이라 이해를 할 수 있습니다.

이와 같은 이치로 생각했을 때 사실 빅데이터 전문가라고 불리는 사람들 중에서 프로그래밍, 수학/통계학, 도메인 지식의 세 가지 역량을 모두 수준 높게 지니고 있는 사람은 찾아보기 힘들 수밖에 없습니다. 각각의 역량들에 모두 수준을 보장하기 위해서는 학습에 정말 많은 시간이 필요하기 때문입니다. 이 중 하나의 역량만 훌륭하더라도 매우 가치가 높은 사람이 될 수 있음을 고려한다면, 이 셋을 모두 잘하는 것이 얼마나 현실적으로 어려운 일인지 짐작할 수 있습니다.

이 때문에 보통 빅데이터 분석 과제나 프로젝트를 한다고 생각하면 팀을 이루는 것은 선택이 아니라 필수라고 볼 수 있습니다. 한 사람이 모든 역량을 가지고 있을 수 없다면 각 분야에 장점이 있는 여러 사람이 모이는 것만이 유일한 해결책이 될 수 있기 때문입니다. 또한 그렇게 탄생한 팀은 프로그래밍, 수학 등 각 분야 전문가가 모이는 것이 가장 바람직한 구성일 것임을 짐작할 수 있습니다.

Chapter 3

빅데이터 분석의 종류

Chapter 3
빅데이터 분석의 종류

일상에서의 우리는 데이터를 활용하여 무언가 분석을 할 때 '빅데이터 분석'이라는 단어로 모든 것을 통용하곤 합니다. 하지만 실제 데이터 분석을 진행하다 보면 분석이라는 단어 한마디로 모든 것을 포괄하기에는 분석마다 그 종류가 다양합니다. 조금 더 구체적으로 빅데이터 분석을 이해하기 위해 구분자를 만들자면, 빅데이터를 통한 분석은 크게 시각화와 인사이트 도출, 통계 분석, 인공지능의 세 가지로 분류가 가능합니다.

3-1 시각화와 인사이트 도출

3-1-1 ▶ 시각화

빅데이터 분석을 하는 가장 상징적인 방법은 바로 시각화입니다. 시각화란 방대하고 복잡한 데이터를 그래프나 표 등을 통해 간단하게 요약해 주는 작업을 의미합니다. 이러한 시각화는 빅데이터를 전문적으로 배우지 않은 사람에게도 친숙한 영역입니다. 흔히들 보고서를 작성할 때 막대 그래프, 꺾은선 그래프 등을 자주 활용하게 되는데 이러한 방식들이 모두 시각화에 해당합니다. 복잡한 데이터 현황이나 분석 결과를 일일이 확인하지 않고 한 번에 이해할 수 있도록 도와주는 영역이 바로 데이터 시각화라고 할 수 있습니다.

[그림 1-3-1] 대표적 시각화 기법인 워드클라우드

빅데이터 분석에서 시각화는 굉장히 중요한 영역입니다. 빅데이터를 분석한다면 분석 그 자체로 끝나는 경우는 절대 있을 수 없습니다. 어떤 분석이건 분석에 대한 결과를 누군가에게 설명하고 설득하는 과정이 추가되기 마련입니다. 그렇기에 빅데이터 전문가들은 언제나 보는 사람이 쉽고 빠르게 결과를 이해할 수 있도록 많은 노력을 기울입니다. 날것의 데이터를 그대로 보고서상에 표현한다면 쉽고 빠르게 결과를 이해하는 것이 사실상 불가능합니다. 이러한 이유로 빅데이터 전문가들은 복잡한 데이터를 간추려 표현할 방법을 늘 고민합니다. 그리고 이 문제를 해결해 주는 것이 데이터 시각화가 될 수 있습니다. 이 때문에 시각화는 항상 빅데이터 분석에 빠질 수 없는 요소로 자리 잡고 있습니다.

여기서 한 가지 간과하면 안 되는 점은 시각화는 그 자체로 훌륭한 분석 결과물이 될 수 있다는 점입니다. 시각화는 그 특성상 데이터의 현황을 이해하고 패턴을 찾아내는 데 큰 도움을 주는데 이는 데이터 분석의 핵심과 직결됩니다. 실제로 데이터 분석의 목적 그 자체가 시각화인 경우도 생각보다 흔히 발견할 수 있습니다. 일례로 코로나 바이러스가 처음 발생했을 때 코로나 지도가 화제가 된 적이 있습니다. 확진자의 동선을 지도 위에 이해하기 쉽게 표시해 주어 방역을 위한 중요한 수단으로 활용했는데 이는 데이터 시각화의 대표적인 사례이자 효능입니다.

> **| 생각해 볼 거리**
>
> 보통의 데이터는 여러 가지의 정보를 가지고 있는 경우가 많습니다. 예를 들어, 특정 인물에 대한 데이터를 가지고 있다면 그 인물의 이름 하나만을 데이터화하기에는 활용성이 떨어집니다. 그 인물의 성별을 포함하여 키, 거주지, 연령 등 다양한 정보가 있어야 데이터 분석에 유용성이 높아집니다. 이를 조금 더 데이터 분야에 맞는 표현으로 바꾸면 일반적으로 데이터는 하나의 ID에 많은 변수들을 가진 형식인 경우가 많습니다.
>
> 하지만 난감하게도 한 데이터에 여러 가지 정보가 포함되어 있다면, 이를 시각화하는 것의 난이도는 상승하게 됩니다. 일반적으로 시각화를 할 때는 X축과 Y축이 존재하는 형태의 그래프를 생각하기 쉽습니다. 이때 보통의 빅데이터는 너무나 많은 변수를 가지고 있어 X와 Y 단 두 가지 축으로 표현하기에는 한계점이 뚜렷합니다. 이 때문에 빅데이터 전문가들은 데이터를 시각화할 때 3차원 형식으로 그림을 그려 보거나 색깔을 통해 구분 값을 지어주는 등 다양한 방법을 활용하고 있습니다.
>
> 이러한 이유로 데이터 시각화 결과물은 생각보다 복잡해지는 사례가 많이 있습니다. 여기서 문제는 복잡한 시각화 결과물은 이해하기 매우 어렵다는 것입니다. 이는 시각화의 본질적인 목적에 부합하지 않는 일이 될 수 있습니다. 많은 경우에 복잡한 그래프를 제시하면 겉보기에 멋져 보이기에 그 자체로 감탄을 하고 넘어가곤 합니다. 하지만 시각화의 가장 중요한 목적은 데이터의 이해와 패턴 발견입니다. 화려한 그래프와 명확한 그래프 중 우리가 추구해야 할 방향을 명확히 설정해야 할 필요가 있습니다.

3-1-2 ▶ 인사이트 도출

시각화와 더불어 빅데이터 분석에서 빼놓을 수 없는 분야 중 하나가 바로 인사이트 도출입니다. 인사이트 도출을 위한 데이터 분석은 빅데이터를 통해 우리가 확실하게 알지 못했던 새로운 사실과 정보를 도출하는 것을 주요 목적으로 합니다. 빅데이터와 관련되어 많은 사람들이 말하는 것 중 하나가 '데이터는 우리가 모르는 것을 알고 있다'입니다. 인사이트 도출은 이와 가장 직접적으로 연관되어 있으며 빅데이터 분석에서 가장 흔히 볼 수 있는 분야이기도 합니다. 이러한 특성 때문에 인사이트를 파악하고자 하는 니즈와 활동은 빅데이터가 지금처럼 발전하는 데 가장 큰 역할을 하기도 했습니다.

빅데이터를 분석하고 그 결과를 공유할 때 가장 많이 받게 되는 질문 중 하나는 So What?이라는 질문입니다. 화려한 시각화와 복잡한 알고리즘을 사용한다 할지라도 결국에는 이러한 결론이 무엇을 의미하는지 설명해 주어야 합니다. 데이터는 우리가 모르는 것을 알고 있다 하였는데, 결론적으로 우리가 정작 몰랐던 것이 무엇인지 명확하게 제시를 해주어야 합니다. 그리고 이에 대답을 할 때 보통 등장하는 것이 바로 인사이트라는 존재입니다. 다만 아쉽게도 인사이트를 도출하는 방법에는 명확한 정답이 존재하지 않습니다. 이러한 이유로 인사이트를 도출한다는 것은 쉽게 생각하면 정말 쉬운 일이고 어렵게 생각하면 한없이 어려운 일이 되기도 합니다.

예를 들어, 특정 선거가 진행된 이후에는 많은 방송사에서 전국의 투표 결과를 지도 위에 시각화하여 정보를 제공합니다. 이때 이를 바라보는 사람들은 지역별로 어느 곳에 어떤 정당을 지지하는 사람이 많은지를 쉽게 알아낼 수 있습니다. 복잡한 방법 없이 사람들의 투표 결과를 시각화하는 것만으로도 지역별 투표 결과라는 사람들이 궁금해하는 결론, 즉 인사이트를 쉽게 도출할 수 있습니다. 하지만 경우에 따라서는 분석가의 주관적인 해석이 추가되어야 하는 경우도 많습니다. 예를 들어, 데이터 분석가는 [그림 1-3-2]처럼 데이터를 통해 성별, 연령별 인구를 쉽게 표현할 수 있습니다. 하지만 이 그림만 가지고는 So What?이라는 질문을 피하기 어렵습니다. 특정 연령이 지속적으로 감소를 하는데 이것이 무엇을 의미하는지에 대해 분석가는 추가적인 설명을 요구받게 됩니다. 이러한 경우에는 데이터 분석가는 현상에 대한 원인과 그 해결방안에 대한 규명까지 요구를 받게 됩니다. 그리고 이러한 역량을 우리는 인사이트 발굴 능력이라고 말하곤 합니다.

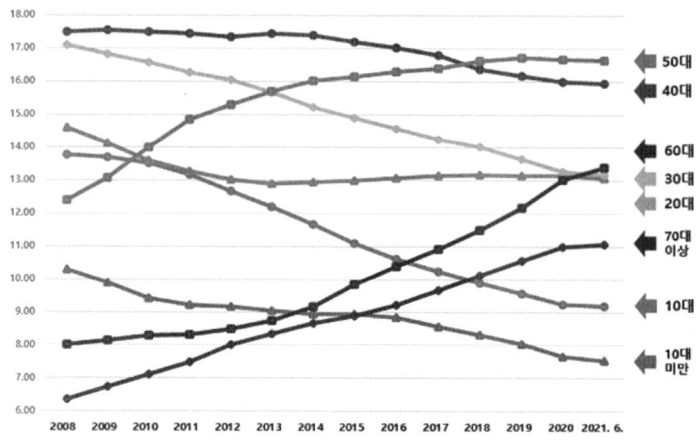

[그림 1-3-2] 대한민국 연령 통계

💡 생각해 볼 거리

빅데이터 분야를 공부하는 학생들은 어쩔 수 없이 많은 시간을 학교에서 데이터를 처리하는 방법에 대해 배웁니다. 그렇기 때문에 학교에서 가르칠 수 있는 코딩, 알고리즘, 주요 인공지능 모델 등 기술적인 부분을 학습하는 데 많은 노력을 기울일 수밖에 없습니다. 물론 이러한 과정을 통해 학생들은 데이터 처리를 자유자재로 할 수 있는 코딩 실력을 함양하게 되고, 현 데이터에 적합한 통계 기법이나 인공지능 기법이 무엇이 있고 이를 어떻게 구현하는지에 대해 역량을 쌓아갈 수 있습니다.

하지만 인사이트 분석을 완성하기 위해서는 코딩을 하고 통계적 분석을 하는 것보다 한걸음 더 앞서 나간 시도가 필요합니다. 본래 인사이트라는 것은 아무리 복잡한 모델을 훌륭한 코딩 실력으로 간단하게 해낸다 할지라도 뚝딱하고 결과물로 떨어지는 것이 아니기 때문입니다. 다양한 알고리즘과 분석 처리 기법을 적용한 데이터 분석 결과가 무엇을 의미하는지 설명과 해석을 덧붙여야 비로소 나올 수 있는 것이 바로 인사이트라는 존재입니다.

하지만 이렇게 결과에 대한 해석과 설명을 곁들여 인사이트를 도출하는 것은 말처럼 쉬운 일이 아닙니다. 실제로 인사이트 분석은 학교에서 공부만을 하던 학생들이 데이터 분석 직업을 가졌을 때 가장 힘들어하는 영역이기도 합니다. 결국 데이터 분석가는 데이터 속 새로우면서도 유용한 사실을 도출해야 합니다. 이를 고려한다면 인사이트 도출을 위해 가장 중요한 점은 어쩌면 가지고 있는 도메인 지식이 될 수 있습니다. 도메인 지식의 수준에 따라 결과를 해석하는 관점이 천차만별로 달라질 수 있기 때문입니다. 결국 인사이트 도출이라는 것은 도메인 지식의 중요성을 다시 한번 되새김질해 볼 수 있는 하나의 포인트입니다.

3-2 통계 분석

3-2-1 ▶ 기초 통계 분석

빅데이터 분석의 종류 중 두 번째로 살펴볼 분야는 통계 분석입니다. 통계학은 데이터를 논할 때 항상 빠지지 않고 등장하는 학문입니다. 데이터를 통계적으로 분석하는 것은 전통적으로 데이터를 분석할 때 가장 많이 활용되어 온 방법 중 하나이며, 아직까지도 연구자, 기업가 등 다양한 사람들이 애용하는 분석 방식입니다. 통계 분석은 그 안에 상당히 많은 세부 분야를 담고 있지만, 빅데이터 분석에 자주 사용하는 방법을 알아보는 관점에서는 크게 기초 통계 분석과 회귀 분석으로 나눌 수 있습니다.

기초 통계 분석은 데이터 속에서 기초적인 통계량을 살펴보는 것이나 간단한 통계 분석 기법을 적용하여 빅데이터를 분석하는 방식을 의미합니다. 여기서 통계량은 사전적으로 표본의 특징을 수치화한 값을 뜻합니다. 우리가 익히 알고 있는 평균, 중앙값, 최솟값, 최댓값, 표준편차 등의 지표에 대해 계산하는 것을 기초적인 통계량을 살펴보는 것이라고 이야기합니다. 예를 들어, 대한민국 남성과 여성의 평균 키는 무엇인가?에 대답하기 위해 조사를 하고 그 결과를 이야기한다면 이것이 곧 기초 통계 분석을 실시한 결과라고 할 수 있습니다.

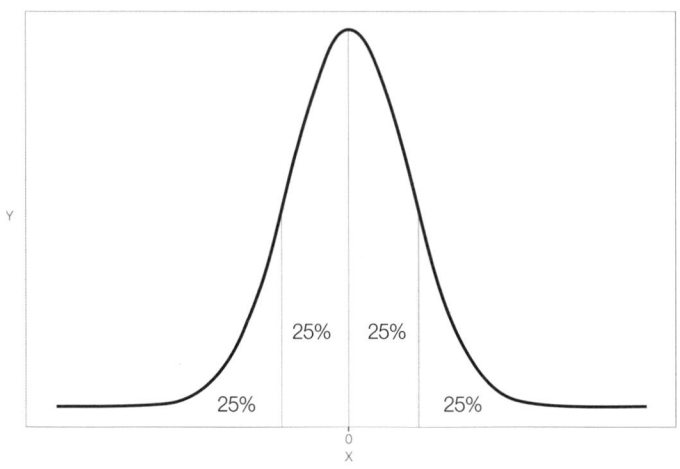

[그림 1-3-3] 대표적 통계량인 4분위 수 개념

통계 분석 방법론에 높은 이해도를 가지고 있는 사람은 데이터 분석 시 기초적인 통계량을 살펴보는 것에서 나아가 통계 검정 기법 등을 사용하기도 합니다. 통계 검정 기법은 그 종류가 매우 다양하며 살펴보고자 하는 값, 데이터의 특징 등을 고려해 분석가는 구체적인 통계 검정 분석 기법을 결정하게 됩니다. 기본적인 통계 검정 기법 중 가장 유명한 방법은 T-검정(T-test)입니다. T-검정은 데이터를 두 집단으로 나누었을 때, 두 집단 간 평균의 차이가 있는지 없는지를 통계적으로 검증하는 데 사용될 수 있는 개념입니다. 예를 들어, 대한민국의 인구를 남성과 여성이라는 두 개의 집단으로 나누고 각 집단의 평균 키를 조사하고 이를 T-검정 과정에 대입할 수 있습니다. 이때의 검정 결과는 '남자와 여자의 평균 키가 통계적으로도 확실히 다르다고 볼 수 있는가?'에 대한 대답을 제공합니다.

> **생각해 볼 거리**
>
> T-검정, 카이 제곱 검정(Chi-Square Test) 등 통계 분석이라고 불리는 검정에는 매우 다양한 종류가 있습니다. 집단 간의 평균값이 통계적으로 차이가 있는지를 보고 싶은 것인지, 빈도에 통계적인 차이가 있는지 보고 싶은 것인지 등 바라보고자 하는 데이터와 값에 따라 적합한 분석을 수행하기 위한 것이라고 볼 수 있습니다.
>
> 한편 여러 가지 통계의 기본 검정들은 다양한 형태를 띠고 있지만 그 근본적인 목적은 모두 비슷합니다. 바로 데이터의 값이 '통계적으로도 확실히 차이를 보이는지' 파악하는 것입니다. 선거의 예시를 다시 들면 TV 프로그램을 통해 개표 방송이 진행될 땐 늘 '당선 유력', '당선 확실'과 같은 단어가 따라다닙니다. 이는 결국 후보 간 표 차이가 뒤집힐 확률이 어느 정도인가에 대해 이야기하는 것이라 볼 수 있습니다. 즉, '유력', '확실'과 같은 단어를 사용하기 위해서 바로 통계적 차이를 검정하는 것이며, 이 통계적 차이를 검정하는 원리는 어떤 통계 기법이든 모두 유사한 모습을 보이고 있습니다.
>
> 하지만 현실의 데이터는 정말 다양한 형식으로 존재하고 이를 위한 통계 기법은 너무나도 많습니다. 때문에 통계학의 전문가가 아닌 이상 존재하는 모든 통계 기법을 자세히 알고 있을 수는 없습니다. 더욱이 대부분의 사람은 통계 분석을 하는 입장이 아닌 결과를 받아 보는 입장을 가지고 있습니다. 결국 통계 분석에서 우리가 갖추어야 하는 가장 중요한 역량은 통계 분석 결과를 보고 해석하는 방법에 대해 이해하는 것일 수 있습니다.

3-2-2 ▶ 회귀 분석

회귀 분석은 통계 분석의 꽃이라고 볼 수 있습니다. 그 활용성이 너무나 높고 그에 따라 실제로 활용을 하는 사례가 너무나 많기 때문입니다. 회귀 분석은 정의상 '독립변수가 종속변수에 미치는 영향을 도출하는 분석'을 의미합니다. 여기서 독립변수와 종속변수라는 용어가 낯설 수 있지만 이는 그리 어려운 개념이 아닙니다. 독립변수는 원인변수라고도 불리며 종속변수는 결과변수라고도 불립니다. 결국 어떤 원인(독립변수)이 특정한 결과(종속변수)에 미치는 영향을 구체적으로 측정하기 위해 사용하는 것이 회귀 분석입니다.

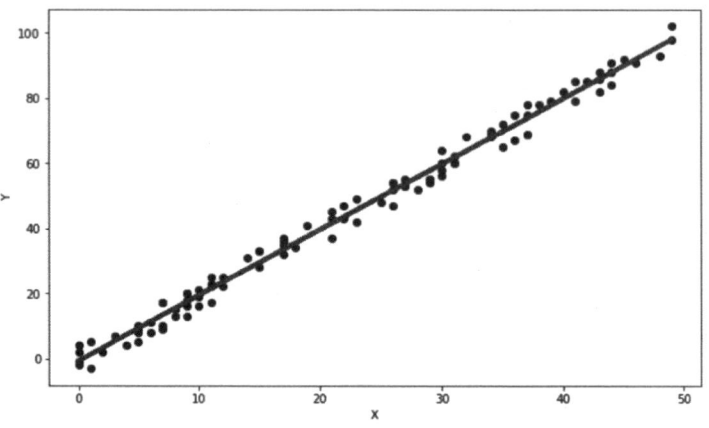

[그림 1-3-4] 회귀 분석 결과의 시각화 예시

회귀 분석을 통해 특정 독립변수가 특정 종속변수에 미치는 영향을 정확하게 수치화하는 것은 크게 두 가지의 의미를 가집니다. 첫 번째로 어떤 현상에 영향을 끼치는 데이터들을 명확하게 정리해 나갈 수 있다는 점입니다. 예를 들어, 기온과 아이스커피 판매량 간의 관계를 알고 싶어 이를 살펴보면 기온이 올라갈수록 아이스커피 판매량 역시 올라갈 확률이 높습니다. 이때 회귀 분석을 통해 독립변수(기온)가 상승할수록 종속변수(아이스커피 판매량)가 함께 상승하는 것을 밝혀낸다면, '기온이 높아질수록 아이스커피 판매량이 늘어난다'라는 문장을 사실로써 말할 수 있습니다.

회귀 분석이 가지는 두 번째 의미는 바로 어떤 현상을 사전에 예측해 볼 수 있다는 점입니다. 회귀 분석을 시행하면 종속변수가 앞으로 어떤 값으로 나오게 될지 사전에 예측이 가능합니다. 회귀 분석에는 설명력이라는 중요한 성질이 있기 때문입니다. 기온이 올라갈수록 아이스커피 판매량이 늘어난 것을 알아냈다면 기온 1도가 올라갈 때 아이스커피 판매량이 몇 % 증가하는지 파악하는 것은 어려운 일이 아닙니다. 이때, 내일의 예상 기온이 오늘보다 몇 도 높은지에 따라 우리는 자연스럽게 내일 아이스커피 판매량이 얼마나 늘어날지 미리 예상을 해볼 수 있습니다. 만약, 내일 아이스커피 판매량이 어느 정도일지 사전에 정확하게 예측할 수 있다면 매장을 운영하는 사람의 입장에서는 많은 장점이 생길 수 있습니다. 커피를 만들기 위해 필요한 재료나 물품 등을 과다하거나 부족하지 않고 적정하게 구매할 수도 있으며, 향후 매출액의 흐름을 미리 파악하는 것에도 큰 도움이 될 것입니다.

> **생각해 볼 거리**
>
> 특정 요인들의 관계를 설명할 때 많은 사람들은 상관관계와 인과관계 개념을 활용합니다. 상관관계는 특정 요인들이 서로 간의 상관성을 띠고 있다는 것을 의미하며, 인과관계는 그 요인들 간 관계가 원인과 결과 형식을 띠고 있는 것을 의미합니다. 인과관계가 성립된다면 무조건 상관관계도 성립되지만 그 반대는 아닐 수 있습니다.
>
> 회귀 분석 결과를 살펴볼 때 주의할 점은, 종속변수와 독립변수가 어떤 관계를 띠고 있는지를 정확하게 파악해야 한다는 점입니다. '기온'과 '아이스 커피 판매량'은 직관적으로 인과성을 인식하기 쉬워 쉽게 인과관계에 있다고 말할 수 있었습니다. 하지만 상관관계는 작동하지만 인과관계는 없는 경우가 현실 세계에서는 너무나 많이 존재합니다. 여름철이면 아이스크림 판매량이 늘어나고 상어에게 물려 사망하는 사람의 숫자도 늘어납니다. 이 둘은 분명한 상관관계를 가지고 있습니다. 하지만 상어에게 물려 사망하는 사람의 수와 아이스크림 판매량은 인과관계를 띠지 않습니다. 둘 중 하나가 나머지 하나의 원인이나 결과라고 볼 수 없기 때문입니다.
>
> 그리고 대부분의 사람들은 상관관계보다는 인과관계에 많은 관심을 보입니다. 하지만 아쉽게도 인과관계를 통계적 기법만으로 확인하기에는 한계가 있습니다. 이 때문에 회귀 분석 결과를 볼 때는 늘 현상의 원인을 끊임없이 고민하는 태도를 가지는 것이 중요합니다. 상관관계에 매몰되어 터무니없는 결론을 제안하는 것은 데이터 분석가나 분석을 보는 사람 모두가 가장 경계해야 할 일 중 하나입니다.

3-3 인공지능

누가 뭐라고 해도 최근에 빅데이터가 많은 관심을 가지게 된 가장 큰 원인은 바로 인공지능입니다. 바둑 인공지능인 알파고(Alphago)로 붐을 일으킨 인공지능은 이제는 최신 트렌드를 논할 때 절대 빼놓을 수 없는 기술이 되었습니다. 그리고 그러한 인공지능이 지금 수준으로 많은 발전이 있게 만든 것이 바로 빅데이터입니다. 머신러닝, 딥러닝 등 다양한 학습을 토대로 발전을 하는 인공지능이 학습을 하는 재료로 빅데이터를 활용하기 때문입니다. 인공지능 역시 그 안에 세부 분야가 매우 많지만 대부분의 인공지능은 머신러닝 방식을 기반으로 하며 이 머신러닝은 크게 지도 학습과 비지도 학습 방식으로 나누어 볼 수 있습니다.

3-3-1 ▶ 지도 학습 (Supervised Learning)

머신러닝의 핵심은 현재의 데이터를 이용해 미래의 데이터를 사전에 예측할 수 있도록 하는 것입니다. 바둑을 두는 인공지능이라면 현재까지의 기보를 통해 향후 어떤 수를 두어야 승리라는 결과를 가지고 올 수 있을지 예측하여 그 결과 최선의 수로 판단된 수를 선택하게 됩니다. 스팸 메일 자동 분류함은 메일을 보낸 사람, 메일의 내용을 분석해 해당 메일을 분석합니다. 이로 인해 메일을 직접 열어보지 않더라도 사전에 스팸 메일 여부를 판별하고 만약 스팸 메일이라고 판단하면 메일을 자동적으로 스팸 메일함으로 옮기게 됩니다.

이때, 주의 깊게 생각해 보면 궁금해하는 미래의 결과라는 것이 정답이 있을 수도 있고 그렇지 않을 수도 있습니다. 바둑을 두는 인공지능은 명확한 정답을 가지고 학습을 진행하는 것이 아닙니다. 바둑을 둘 때 정답이 있을 수 없기 때문입니다. 반면, 스팸 메일에는 명확히 정답이 존재합니다. 모든 메일은 스팸 메일이거나 스팸 메일이 아닙니다. 그렇기에 스팸 메일 여부라는 명확한 정답을 인공지능이 학습을 하게 됩니다.

[그림 1-3-5]

인공지능이 빅데이터를 통해 학습을 할 때 명확한 정답이 있는 데이터 셋을 학습하면 그것을 지도 학습, 그렇지 않은 경우를 학습하면 이를 비지도 학습이라 합니다. 아무래도 데이터 셋에 정답이 있을 경우에 학습을 할 수 있는 방법이 명확해질 것이기 때문에 인공지능은 지도 학습을 통해 탄생한 경우가 많습니다. 은행에서 대출을 신청한 사람이 있다면 은행 입장에서는 신청인의 데이터를 기반으로 인공지능을 만들어 이 사람이 대출을 갚을 사람인지 아닌지에 대한 사전 예측을 할 수 있으며, 사람의 얼굴을 읽은 이후 그 얼굴이 저장된 사용자의 얼굴(정답)과 정확히 일치하는지 아닌지를 판단하여 얼굴 인식 인공지능을 만들어 낼 수 있습니다.

> **｜생각해 볼 거리**

인공지능은 데이터를 학습 재료로 활용하기 때문에 빅데이터의 활용 가치를 증폭시켜 주었습니다. 이때 반대로 인공지능이 빅데이터를 대체 어떤 방식으로 활용하기에 그 정확도가 비약적으로 상승했는지 의구심을 가질 수 있습니다. 이 원리를 이해한다면 인공지능에 빅데이터가 필수인 이유, 지도 학습의 원리를 더욱 명확히 이해할 수 있습니다.

지금 수준의 성능을 보여주지 못하던 과거 인공지능이 풀기 어려운 난제가 하나 있었습니다. 바로 개나 고양이의 사진을 보여 주었을 때 사진 속 동물이 개인지 고양이인지 맞추는 것입니다. 사람 입장에서는 너무도 당연히 개와 고양이를 구분할 수 있기에 컴퓨터에게 개와 고양이를 구분하는 방법을 알려주는 것은 오히려 너무나 어려운 일이었습니다. 두 동물 모두 꼬리가 있고, 네 발로 걸어 다니며, 온몸이 털로 뒤덮여 있습니다.

이때 빅데이터를 활용한 인공지능은 이 문제를 간단히 해결하게 됩니다. 바로 개 사진(데이터)을 전달한 후 해당 사진에 '개'라는 정답을 알려주고, 고양이 사진(데이터)을 전달한 후 해당 사진에 '고양이'라는 정답을 알려준 후 알아서 컴퓨터에게 학습을 시키는 것입니다. 이 방식을 이용한다면 개와 고양이를 구분하는 구체적인 방식을 굳이 설명하지 않아도 됩니다. 개와 고양이 사진이라는 데이터를 전달받은 컴퓨터는 추후 다른 이미지를 본다면 그동안의 개 데이터와 고양이 데이터 중 어떤 것과 유사한지만 판별해 내면 됩니다.

3-3-2 ▶ 비지도 학습 (Unsupervised Learning)

빅데이터를 통한 머신러닝을 기반으로 하는 인공지능은 앞서 살펴본 지도 학습이 전부가 아닙니다. 최근 뉴스를 본다면 영화 시나리오를 쓰는 인공지능, 사람과 대화를 하는 인공지능 등 다양한 인공지능이 탄생하고 있는 것을 알 수 있습니다. 그리고 생각해 보면 이렇게 시나리오를 작성하거나 사람과 대화를 하는 인공지능에는 명확한 정답이 있을 수 없습니다. 그렇기에 이러한 종류의 인공지능은 지도 학습과는 조금 다르게 알고리즘이 구성되어 있으며 그 학습 방식을 비지도 학습이라고 합니다.

아직까지 산업 현장 등 기업체에서 만드는 다양한 인공지능의 종류를 구분해 보면 비지도 학습보다는 지도 학습의 비중이 더 높습니다. 하지만 비지도 학습은 지도 학습에 뒤지지 않는 잠재적 성장 가능성을 가지고 있습니다. 왜냐하면 이 세상에는 분명하게 정답이 존재하는 일보다는 그렇지 않은 경우가 훨씬 더 많으며 그런 일에 인공지능을 적용하고자 한다면 비지도 학습 방식을 이용해야 하기 때문입니다.

실제로 최근 비지도 학습이 보여주는 성장세는 어마어마합니다. 작문을 수행하는 인공지능 모델인 GPT-3(인공지능 모델 중 하나로 소설, 대화, 영화 시나리오 등 텍스트를 생성하는 데 특화된 인공지능)와 같이 사람들을 놀라게 하는 결과물을 많이 보여 주고 있습니다. 이렇게 비지도 학습이 빠른 속도로 발전하는 것은 기술적으로 큰 의미가 있습니다. 지금까지 비지도 학습의 활용 사례가 지도 학습에 비해 적었던 것은 정답이 없는 상황에서 학습을 시킬 묘안이 상대적으로 부족했기 때문입니다. 이러한 점을 고려했을 때, 비지도 학습을 통한 인공지능이 비약적으로 발전하고 있다는 것은 인공지능이 지금의 수준보다 한층 더 도약할 준비를 마쳤다는 것을 의미합니다.

[그림 1-3-6]

그리고 최근 많은 주목을 받고 있는 ChatGPT 역시 GPT-3에서 발전이 되어 만들어진 AI입니다. GPT-3에 사용했던 동일한 데이터 셋을 다시 미세 조정(Fine

Tuning)하여 GPT-3.5를 만들고 이러한 GPT-3.5를 다시 미세 조정(Fine Tuning)하여 나온 결과물이 ChatGPT입니다. 다음은 ChatGPT 공식 설명 문서에 적혀 있는 ChatGPT에 대한 설명입니다. (https://openai.com/blog/chatgpt)

"ChatGPT is fine-tuned from a model in the GPT-3.5 series, which finished training in early 2022. You can learn more about the 3.5 series here. ChatGPT and GPT-3.5 were trained on an Azure AI supercomputing infrastructure"

최근 ChatGPT는 어마어마한 영향력을 보여주고 있습니다. GPT-3에 기반한 만큼 ChatGPT는 소설을 쓰거나 시나리오를 쓰는 등 작문에 특화된 역량을 가지고 있습니다. 여기에 더해 이제는 모르는 것을 인터넷에 '검색'하는 것이 아니라 인공지능에게 '질문'을 할 수 있습니다. 뿐만 아니라 웬만한 초보 개발자 이상의 프로그래밍 능력을 보여주기도 합니다. 특정 작업을 수행할 수 있는 예제 소스 코드를 작성해 달라고 ChatGPT에게 요청하면 ChatGPT는 너무나도 능숙하게 샘플 코드를 작성해줍니다. 이 코드는 너무 정확해서 실제 현업에 있는 개발자나 프로그래머도 참고할 수 있는 수준이 됩니다.

이 밖에도 ChatGPT의 활용방안은 너무나도 많습니다. 우리는 ChatGPT를 이용하여 특정 텍스트를 요약하거나 분석을 할 수 있습니다. 이제까지 텍스트와 관련된 인공지능이라 하면 챗봇(Chatter Robot)만을 상상하던 얼마 전과는 확연히 다른 인공지능 업계의 분위기를 보여주고 있습니다. 단순 챗봇 이상의 능력을 보여주며 사람들의 편리한 생활을 도와주는 인공지능의 전형적인 모범사례라고 할 수 있습니다.

ChatGPT는 비지도 학습 중에서도 생성 모델(Generative Model)이라는 카테고리에 속합니다. 단순히 특정 데이터를 분류하는 것이 아니라 새롭게 특정 결과물을 생성해 내는 인공지능이라는 의미를 뜻합니다. 이러한 ChatGPT 사례를 통해 알 수 있듯 인공지능 분야에서 비지도 학습이 보여주는 가능성은 정말 무궁무진합니다. 불과 얼마 전까지만 하더라도 인공지능을 우리 생활에 밀접하게 활용할 수 있을까? 에 대한 물음에 많은 사람들이 의문부호로 대답을 하곤 했습니다. 하지만 ChatGPT 이후 이러한 의문은 확신으로 점차 바뀌어 가고 있습니다.

여기서 중요한 점 한 가지는 ChatGPT 역시 비지도 학습 기반 인공지능의 발전 과정 중의 하나일 뿐이라는 것입니다. 다시 한 번 말하지만 ChatGPT는 GPT-3.5 즉, GPT-3에 기반한 모델입니다. 그리고 많은 인공지능 연구자들은 벌써 GPT-4, GPT-5의 개발 및 활용을 이야기하고 있습니다. 우리가 넋 놓고 ChatGPT 기술에 감탄을 하고 있을 때 이미 이를 뛰어넘는 인공지능이 또 다시 개발되고 있다는 것을 알아야 합니다.

> **생각해 볼 거리**
>
> 인공지능이 어마어마한 발전 속도를 보여줌에 따라 많은 사람들은 한편으로 기술의 발전을 반기면서도 다른 한편으로는 미래를 걱정하고 있습니다. 인공지능이 보여 주고 있는 성과가 너무도 뛰어나기 때문에 인간이 할 일을 인공지능이 모두 대체해 버리거나 인공지능이 인간을 지배하는 세상이 올 수도 있다는 두려움 때문입니다.
>
> 하지만 인공지능 기술이 현시점부터 전혀 발전하지 못하게 된다면, 즉 지금의 기술 수준에서 그러한 걱정은 단순한 기우일 뿐입니다. 분명히 인공지능이 인간의 모든 일을 대체하기에는 아직 많은 보완이 필요합니다. 그리고 인간의 모든 일을 대체하는 데 한계가 있는 가장 큰 이유는 앞서 말했듯 이 세상에 존재하는 일에는 정답이 없는 경우가 허다하기 때문이었습니다. 이를 고려한다면, 인공지능 기술을 SF 영화 속 수준으로 비약적으로 상승시키는 열쇠는 비지도 학습 기반의 인공지능 발전이 될 수 있습니다.
>
> 대부분의 인공지능 전문가들은 일반 사람들의 인공지능에 대한 두려움에 대해 큰 걱정을 하지 않습니다. 인공지능 전문가들은 기술의 혁신성을 잘 알지만 동시에 한계점 역시 정확히 인지하고 있기 때문입니다. 다만 많은 인공지능 전문가들이 함께 동의하는 추가적인 내용 중 하나는 바로 비지도 학습을 포함해 인공지능 기술이 매우 빠른 발전 속도를 보여주고 있다는 점입니다.

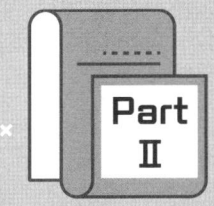

빅데이터 시대 살아가기

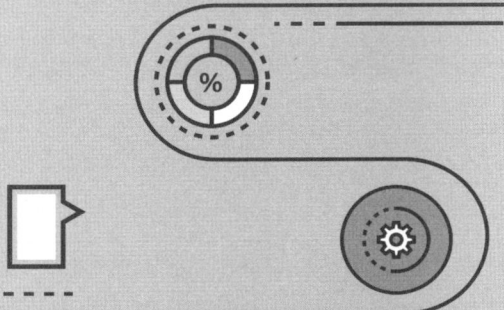

빅데이터와 인공지능의 시대가 도래했고 이 트렌드는 앞으로도 지속될 것이라는 사실에는 많은 사람들이 동의하고 있습니다. 이에 Part Ⅰ에서는 이러한 시대에 맞추어 빅데이터가 무엇인지 그 자체를 이해해 보았습니다. 이번 Part Ⅱ에서는 빅데이터를 이해하는 것에서 한 단계 더 나아가 빅데이터 시대를 살아가기 위한 정보들을 소개하려합니다. 빅데이터 시대를 살아가기 위해서는 다양한 준비물을 생각해 볼 수 있습니다. 그리고 그 준비물 중 빼놓을 수 없는 내용은 새롭게 태어나는 빅데이터 전문가들에 대해 정확히 이해하고, 빅데이터에 대해 조금 더 세부적인 지식을 학습하며, 그러한 빅데이터가 실제로 활용되는 과정을 이해하는 것입니다.

Chapter 1

빅데이터 전문가

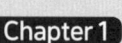

빅데이터 전문가

빅데이터 시대를 살아감에 있어 사람들의 커리어에서 달라진 점 중 하나는 빅데이터 전문가의 등장일 것입니다. 트렌드에 맞추어 많은 사람들이 빅데이터 전문가가 되고자 노력하고 있으며 이제는 데이터 분석가, 데이터 과학자라는 이름의 직업을 가진 사람을 만나 보는 것이 그리 어려운 일이 아닙니다. 여기에 더해 빅데이터 전문가가 될 생각이 없다고 할지라도, 현업에서 빅데이터 전문가를 마주칠 확률은 점차 높아지고 있습니다. 마케팅, 인사, 연구개발 등 다양한 분야에서 데이터를 활용하고자 하는 열망이 높아지고 있기 때문입니다.

1-1 빅데이터 전문가를 판단하는 법

빅데이터 전문가라는 타이틀을 등에 짊어진 사람들이 점차 많아지고 있습니다. 하지만 아쉽게도 빅데이터 전문가라는 직업 자체가 새롭게 등장한 지 그리 오래되지는 않았기 때문에, 빅데이터 전문가라고 자칭하기는 하지만 관련 경험, 지식이 적은 사람들도 많이 있습니다. 이러한 이유로 빅데이터 전문가를 만날 때는 이 사람이 어떤 분야에 특화되어 있는지, 정말 전문가로 신뢰해도 좋은 사람인지에 대한 판단을 할 줄 알아야 합니다.

1-1-1 ▶ 빅데이터 전문가에 대한 이해

우리는 빅데이터 전문가라는 단어를 사용함으로써 데이터 업계에 종사하는 사람들을 한 번에 일컬어 부릅니다. 물론 그 안에도 매우 다양한 직종이 존재하며 이에 대해서는 1-2절에서 간략히 살펴볼 예정입니다. 다만, 세부 직종과는 별개로 빅데이터 전문가들은 몇몇 가지의 특징이 존재합니다. 이 특징들을 잘 이해한다면 주위에 존재하는 빅데이터 전문가에 대한 이해도를 높여줄 수 있고 이는 곧, 빅데이터 생태계를 한 단계 고차원적으로 이해할 수 있는 발판이 됩니다.

먼저, 대부분의 직종과 마찬가지로 빅데이터 전문가 역시 흔히 시니어 레벨이라고 부르는 사람들과 주니어 레벨이라고 부르는 사람들이 하는 일이 다소 다릅니다. 빅데이터 분석을 생각한다면 상징적으로 코딩을 하고 있는 모습이 떠오릅니다. 그리고 당연히 실제로 프로그래밍을 통해 숫자(데이터) 자체를 분석하는 것은 대부분 주니어 레벨이라고 불리는 데이터 전문가들입니다. 시니어 레벨의 빅데이터 전문가들은 회사의 데이터 활용 전략을 세우거나, 데이터 분석 결과를 바탕으로 이를 전달하고 활용하는 데 초점을 맞추는 경우가 많습니다.

추가적으로, 빅데이터 전문가들의 한 가지 특징이라고 한다면 대학교 전공을 기준으로 출신 성분이 매우 다양하다는 점입니다. 컴퓨터공학, 통계학 등 빅데이터 분석과 가장 직접적으로 연관되어 있는 학과들은 물론 산업공학, 경영학, 경제학, 수학, 심리학, 문헌정보학 등 그 배경에 제한이 없다고 보아도 무방합니다. 이는 빅데이터라는 개념 자체가 정말 폭넓은 적용성을 보여주어서 그렇다고 해석할 수 있습니다. 분야에 관계없이 빅데이터를 활용하려는 니즈가 강한 경향이 있어, 학과 전공과 상관없이 많은 학생들이 데이터 분석 관련 지식을 함양하게 되고 이 커리어에 들어서는 경우가 많습니다.

[그림 2-1-1]

우리가 생각하는 것보다 빅데이터 전문가에 대해 잘 이해하는 것은 삶을 살아가면서 꽤 중요한 일이 될 수 있습니다. 이는 비단 빅데이터 분야로 커리어를 쌓아가려는 사람들에게만 해당하는 말은 아닙니다. 높은 확률로 빅데이터 전문가는 시간이 지나가면서 그 수가 기하급수적으로 늘어나고 우리가 그들과 함께 업무를 하고 대화를 나눠야 할 일이 많아질 것이기 때문입니다. 여기서 한 가지 문제는 똑같이 빅데이터 전문가라 불리는 사람일지라도 인사이트 분석을 주로 진행하는 사람이냐, 인공지능 알고리즘을 다루는 사람이냐 등 그 세부 분야가 매우 다양할 수 있다는 점입니다. 빅데이터와 인공지능 분야에 기초적인 지식을 가지고 있고, 나에게 필요한 업무가 세분화된 빅데이터 관련 업무 중 어떤 영역에 해당하는지를 알고 있는 상태에서 결이 맞는 빅데이터 전문가를 식별할 수 있냐 아니냐는 생각보다 중요한 역량이 될 수도 있습니다.

> **💡 | 생각해 볼 거리**
>
> 빅데이터가 유행이 되기 시작한 이후로 한정했을 때, 빅데이터 전문가가 되고자 하는 많은 학생들이 대학원 석사 과정 진학이라는 길을 선택하고 있습니다. 실제로 빅데이터 관련 직종에 채용되는 대부분의 신입 사원들이 대학원 과정을 마친 사람이라고 해도 과언이 아닙니다.
>
> 하지만 흔히 말하는 시니어 레벨로 불리는 사람들은 상황이 다릅니다. 아무래도 빅데이터가 강조되고 학교에서 관련된 전문 교육을 시행한 지가 오래되었다고는 볼 수 없기 때문에 그럴 수 있습니다. 그래서 보통 시니어 레벨의 빅데이터 전문가들은, 학생 시절부터 전문적인 교육을 받아왔다기보다는 원래 업무 자체가 데이터와 연관되어 있거나 뒤늦게 필요한 내용을 학습하여 업무를 진행하고 있는 경우가 많습니다. 여기서 한 가지 주의해야 할 점은 빅데이터 및 인공지능 분야는 그 발전 속도가 매우 빠르며 그렇기에 그 안의 트렌드도 빠르게 바뀐다는 것입니다. 그리고 대부분 이론적인 트렌드를 따라잡기 유리한 쪽은 대학원 과정을 진행하며 여러 논문을 읽는 학생들입니다.
>
> 때문에 우리는 빅데이터 전문가에 한해서 실제 업무 현장에서의 주니어 레벨과 시니어 레벨 직원의 역할을 곰곰이 잘 생각해 보아야 합니다. 각각 트렌디한 분석 기술, 경험을 바탕으로 한 업종 내 지식과 노하우를 지니고 있는 사람이기에, 빅데이터 분야는 그 어떤 곳보다 이 둘의 조화 및 수평적인 업무 분위기가 정말 중요한 직종이라 할 수 있습니다.

1-1-2 ▶ 빅데이터 전문가 평가 잣대

빅데이터 전문가들을 이해하는 것과는 별개로 데이터 전문가들을 채용하고자 하는 사람, 그들과 함께 업무를 해야 하는 사람들은 빅데이터 전문가들을 평가할 줄 알아야 합니다. 앞서 언급했듯 빅데이터 전문가라고 자칭하는 사람들 중에서도 관련 경험이나 지식이 부족한 사람들이 많이 있음은 물론, 빅데이터 분야 전문가들은 세부 전공에 따라 너무나도 다른 성격을 지녀 필요한 분야에 적합한 전문가를 찾아내는 것이 절대 쉽지는 않기 때문입니다. 꼭 빅데이터 분야가 아니더라도 마찬가지겠지만 특정 업무를 하고자 지원을 하는 사람이 어느 정도의 역량을 가지고 있는지 판단하는 것은 언제나 회사에서 중요한 역할일 수밖에 없습니다.

먼저, 특정한 빅데이터 전문가가 우리에게 필요한 업무와 적합한 사람인지를 판단하기 위해서는 그 사람의 배경을 볼 수 있습니다. 여기서 말하는 배경은 학력, 스펙 등을 의미하는 것이 아니라 그 사람의 전문성이 있는 분야 자체를 의미합니다. 데이터 전문가들은 크게 프로그래밍 역량, 통계학 역량, 머신러닝 역량, 도메인 지식을 모두 갖추어야 하지만 실제로 이에 모두 전문적인 사람을 찾기는 너무도 힘듭니다. 그래서 대부분이 이 역량들 중 몇몇 개에 초점을 맞추어 본인의 실력을 발전시키곤 합니다. 그렇기에 데이터 활용을 위해서 현재 프로그래밍을 할 수 있는 사람이 부족한 것인지, 분석 방향이 통계학적 분석일 것인지에 따라 각자의 조직에 적합한 빅데이터 전문가들을 선택할 수 있습니다.

단적인 예를 들었을 때, 빅데이터 전문가가 어떤 학과 전공을 가지고 있는지에 따라 그 사람이 분석할 데이터 분석 결과물이 어떠할지에 대해서 대략적인 성격을 파악할 수 있습니다. 만약, 통계를 전공하고 빅데이터 분야에 몸을 담고 있는 사람이라면 데이터를 통계적으로 바라보고 분석할 확률이 매우 높습니다. 각 데이터가 분석을 하기 적합한 상황인지 통계적 검증을 거치는 것을 시작으로, 집단 간 데이터 차이 등이 통계적으로 유의미한지 파악하고 이를 해석하여 분석 결과물로 내놓는 경우가 많습니다.

반면, 학과 전공이 공학인 빅데이터 전문가라면 당연히 공학적으로 데이터 문제를 풀어 갈 가능성이 많습니다. 현재 가지고 있는 데이터를 기반으로 알고리즘과 모델의 힘을 이용하여 아예 새로운 결과물 혹은 시스템을 구현하고자 하는 경우가 많을 수 있습니다. 데이터를 빠르고 정확하게 처리하기 위한 기술적인 측면을 중요하게 생각하며 동시에 데이터 자체를 공학적으로 많이 활용하고자 할 확률이 높다고 할 수 있습니다. 물론 통계학과 공학 등의 배경을 가진 사람이라고 할지라도 반드시 앞서 서술한 부류의 분석만을 진행하지는 않습니다. 다만, 빅데이터 전문가의 학과 전공 하나만을 알더라도 생각보다 실제 업무와 연관될 중요한 분석 성격이라는 것을 사전에 예측해 볼 수 있다는 큰 장점을 지니고 있는 것도 분명한 사실입니다.

여기에 더해 빅데이터 분야는 논문 작성, 각종 경진대회 참여 등이 매우 활발한 곳입니다. 이를 바꿔 말하면, 논문의 우수성이나 참여 경진대회 성적 등을 통해 데이터 전문가들의 역량을 가늠 잡아 평가해 줄 잣대가 다양하게 존재한다는 것을 의미합니다. 예를 들어, 머신러닝 경진대회에서 수상을 한 경력이 있다면 적어도 그 사람은 머신러닝에 대해 특정 수준 이상의 역량을 갖출 확률이 높습니다. 물론 몇몇 개의 수상 경력이 그 사람의 절대적인 실력을 보장하지는 않습니다. 하지만 어떤 논문을 쓰고 대회에 참여했는지는 그 사람의 관심사 및 기본 역량을 충분히 간접적으로 체험하게 합니다.

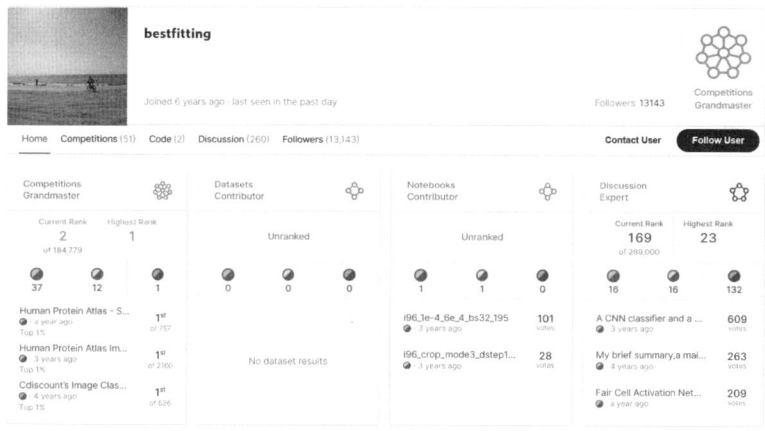

[그림 2-1-2] 캐글 랭킹 상위자 프로필

💡 | 생각해 볼 거리

호랑이를 잡으려면 호랑이 굴에 들어가라는 말이 있습니다. 이 말은 좋은 빅데이터 전문가를 찾고자 하는 사람들에게는 꽤나 많은 의미를 줄 수 있습니다. 우리나라 대부분 기업의 채용 프로세스를 생각해 보면 채용 공고를 열고 지원서를 받아 그 사람들에 한해서 다양한 방식으로 역량을 평가하는 것이 일반적이라 볼 수 있습니다.

하지만 모두가 탐내는 훌륭한 인재가 반드시 특정 회사 공고에 지원할 것이라고 확신할 수는 없습니다. 이때, 빅데이터나 인공지능 관련 커뮤니티가 좋은 해답이 될 수 있습니다. 빅데이터 분야의 활성화 속도가 워낙 빠르다 보니 이 분야에 흥미 있는 사람들이 모여 있는 플랫폼이나 커뮤니티가 자연스럽게 형성되어 있습니다. 한마디로, 재야의 고수들이 곳곳에 숨어 있는 인재풀이라고 할 수 있습니다.

그리고 이러한 플랫폼이나 커뮤니티들은 유명 경진대회와 깊게 연관되어 형성되어 있는 경우가 많습니다. 즉, 자연스레 그 사람들이 어떤 경진대회에 참여하고 거기서 어떤 성과를 냈는지도 조금만 시간을 투자하면 쉽게 알 수 있습니다. 최근 데이터와 인공지능 분야에서는 인재를 확보하고자 하는 전쟁이 벌어지고 있습니다. 이제는 단순히 채용공고에 그 인재들이 지원하기를 기다리기보다는 조금 더 다양한 방식의 노력이 필요할 수 있습니다.

1-2 빅데이터 전문 직종

지금까지 빅데이터 전문가 자체에 대해 이해를 해보았습니다. 하지만 앞서 언급했듯, '빅데이터 전문가'라는 한마디로 표현하기에는 빅데이터 안에서도 너무나 많은 세부 분야가 있습니다. 때문에 빅데이터 전문가들이 크게 보았을 때 어떻게 구분되고 각각의 역할이 무엇인지를 먼저 알아보겠습니다. 빅데이터 전문가는 크게 데이터 엔지니어, 데이터 분석가, 데이터 과학자라는 구분자를 가질 수 있습니다.

[그림 2-1-3] 빅데이터 분야 전문가

1-2-1 ▶ 데이터 엔지니어

빅데이터 전문 직종 중 첫 번째로 알아볼 전문가는 바로 데이터 엔지니어입니다. 기본적으로 데이터 엔지니어는 기업 내 존재하는 다양한 데이터를 관리하는 직종이라고 생각할 수 있습니다. 여기서 말하는 데이터 관리는 데이터의 수집, 저장, 유지, 보수 등의 업무를 모두 포함합니다. 데이터를 활용하고자 하는 다양한 이해관계자들에게 데이터를 빠르면서도 온전하게 전달하고자 한다면 데이터 엔지니어의 역할이 가장 중요하다고 할 수 있습니다. 여러 빅데이터 전문가들 중 데이터를 다루는 가장 근간의 위치에 있는 사람이 바로 데이터 엔지니어입니다.

데이터 엔지니어(Data Engineer)라는 이름에서도 알 수 있듯 데이터 엔지니어는 빅데이터 전문가들 중 가장 공학적인 업무를 수행하는 사람들입니다. 그렇기 때문에 데이터 엔지니어는 하둡, 맵리듀스 등 데이터를 저장하고 추출하는 그 시스템 자체에 대한 이해도가 높아야 합니다. 현재 데이터가 저장되어 있는 장소가 시스템 내 어떤 곳이며, 혹여 이 데이터를 수정하거나 전달해야 한다면 어떤 액션을 취해야 하는지 등의 내용은 각 전문가 중 데이터 엔지니어에게 가장 가까운 영역입니다. 또한 데이터 분석가나 데이터 과학자가 데이터를 통해 특정 인공지능이나 시스템을 개발한다고 하면 이를 현재의 시스템에 잘 적용하도록 조치를 취하는 것도 데이터 엔지니어의 중요한 역량 중 하나입니다.

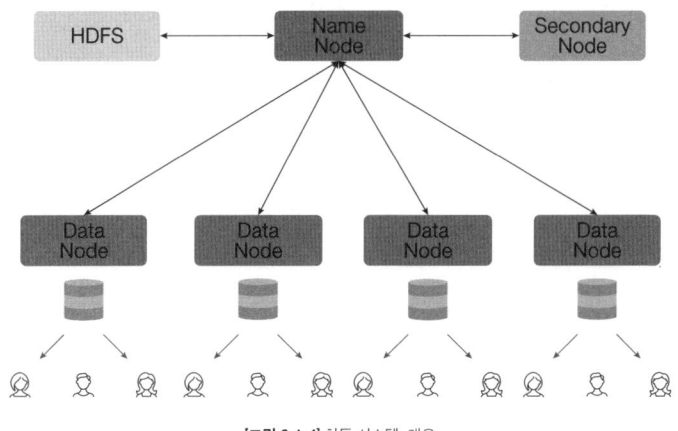

[그림 2-1-4] 하둡 시스템 개요

또한, 데이터 엔지니어는 데이터 그 자체를 관리하는 데 가장 중요한 역할이 있으므로 관계형 데이터베이스, SQL 등 데이터의 저장과 추출 방식에 대해서도 높은 역량을 지니고 있어야 합니다. 특히, 자료의 검색과 관리를 위한 하나의 프로그래밍 언어라고 볼 수 있는 SQL은 데이터베이스 관리와 빠른 데이터 추출을 위해 가장 핵심이 됩니다. SQL은 데이터 서버에서 직접 데이터를 추출하여 조회할 수 있게 하며, 데이터 분석가나 데이터 과학자도 SQL에 대해 높은 역량을 갖추고 있어야 하지만 그 중요성은 데이터 엔지니어에게 가장 크다고 할 수 있습니다.

> **생각해 볼 거리**
>
> 데이터 엔지니어, 데이터 분석가, 데이터 과학자로만 빅데이터 전문 직종을 구분해 본다면 최근 가장 인기가 높은 직종은 단연코 데이터 과학자나 분석가라고 할 수 있습니다. 상대적으로 분석가나 과학자라는 단어가 주는 어감이 공부를 하는 학생들에게는 더 매력적으로 다가갈 수 있습니다.
>
> 다만 IT 업계의 거대한 공룡기업들부터 이제 막 사업을 시작한 스타트업 기업들까지 데이터를 활용하고자 하는 기업들에게는 하나의 공통점이 있습니다. 바로 데이터 엔지니어링 업무가 필수라는 점입니다. 조금 더 강하게 말하면 빅데이터를 활용하고자 하는 니즈가 있을 경우, 데이터 분석가나 데이터 과학자는 없어도 되지만 데이터 엔지니어는 반드시 필요합니다. 데이터를 잘 관리하는 것이 데이터 활용에 필요한 선행조건이기 때문입니다.
>
> 그렇기 때문에 데이터 엔지니어링 업무는 데이터 분석이나 인공지능 등의 업무에 반드시 필요한 충분조건과 같은 역할을 하고 있습니다. 만약 내가 기업의 CEO이고 빅데이터 시스템을 구축하고자 한다면 어떤 노력을 기울이고 어느 분야의 인재를 가장 먼저 확보해야 하는지 잘 고민해 보아야 합니다.

1-2-2 ▶ 데이터 분석가

다음으로 살펴볼 빅데이터 전문 직종은 데이터 분석가입니다. 분석가 내지는 애널리스트(Analyst)라는 이름은 상대적으로 다른 분야에도 많이 존재하고 있기에 데이터 분석가가 어떤 일을 하는 사람인지는 어렵지 않게 유추할 수 있습니다. 조금 더 이론적으로 데이터 전문가가 누구이며 무엇을 하는 사람인지를 정의한다면 데이터를 통해 특정한 패턴이나 인사이트를 발견해 내고 이를 비즈니스에 활용하고자 하는 사람들이라고 이해할 수 있습니다.

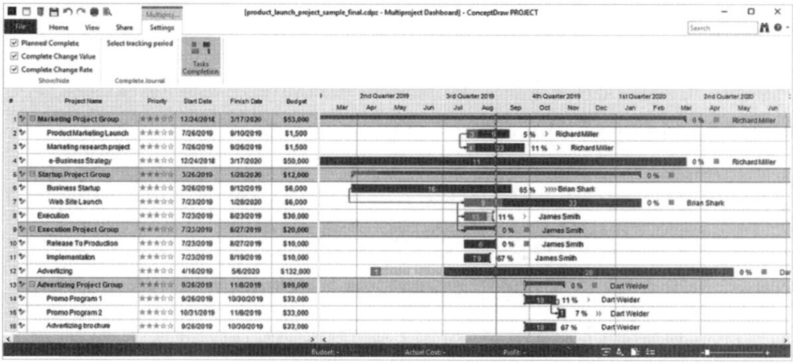

[그림 2-1-5] 인사이트 도출을 위해 사용되는 대시보드 예시

보통 데이터 분석가라고 불리는 사람들은 굉장히 다양한 업무를 진행합니다. 경우에 따라서는 데이터 엔지니어와 유사한 업무를 수행하는 경우도 있으며, 데이터 과학자들과 비슷한 업무를 진행할 때도 있습니다. 다만, 데이터 분석가들이 실제로 하는 분석 중 가장 큰 비중을 차지하는 것은 서술적 분석이라고 할 수 있습니다. 서술적 분석에 대해서는 Part Ⅱ의 3장에서 더욱 자세히 살펴볼 예정이며 이를 간단히 말하자면 데이터를 통해 현황을 짚어 내고 숨겨진 인사이트를 도출하고자 하는 업무라고 이해할 수 있습니다.

데이터 분석가 역시 데이터 엔지니어와 마찬가지로 데이터를 직접 조회하고 이를 활용해야 하므로 SQL과 같은 언어에 친숙해야 합니다. 물론 빅데이터 처리에 있어 가장 인기가 많은 파이썬이나 R과 같은 프로그래밍 언어는 데이터 분석가가 반드시 높은 수준의 역량을 갖추어야 하는 부분 중 하나입니다. 또한 분석가라는 직종의 특성상 분석한 내용을 고객에게 명확하고 논리적으로 설명하는 것도 매우 중요합니다. 때문에 이와 관련해서 중요한 역량이었던 도메인 지식을 활용한 데이터 분석이나 데이터 시각화 역시 데이터 분석가가 반드시 갖추고 있어야 할 역량입니다.

조금 현실적인 이야기를 해 보자면, 흔히 말하는 문/이과와 대학 전공을 막론하고 많은 사람들이 빅데이터 분야에 뛰어드는 것을 고민하고 있습니다. 다만 프로그래밍이나 수학 혹은 통계를 많이 접하지 못한 인문 계열 학생들이 데이터 분석 분야에 뛰어들어서 전문성을 쉽게 갖출 수 있을지는 많은 의문이 따르는 게 현실입니다. 아무래도 빅데이터 전문가에게 필요한 역량 중 많은 부분이 이공 계열 학생들에게 유리한 측면이 있는 것이 사실이기 때문입니다. 다만, 수많은 데이터 관련 전문가 중 데이터 분석가에 한해서라면 이야기가 다를 수 있습니다.

많은 회사에서 데이터를 분석하고자 하는 목적은 명확합니다. 데이터 기반의 의사결정을 통해 기업 가치를 상승시킬 수 있는 일을 목표로 하고 있습니다. 그리고 이 목표를 이루기 위해서는 비즈니스에 대한 이해와 데이터 기반의 사고 능력이 필수라고 할 수 있습니다. 이 지점에서 비즈니스에 대한 이해, 데이터 기반 사고 능력은 상대적으로 인문 계열 학생들이 더욱 장점을 지니고 있는 영역이라고 볼 수 있습니다. 데이터 분석가에게는 어떤 분석을 진행하든 분석 결과를 단순히 내놓는 것을 넘어 이 결과를 어떻게 활용하고 의사결정에 이용할지에 대한 책임도 따릅니다. 이때, 사회/경제를 복합적으로 바라볼 줄 알며, 비즈니스에 대한 이해도가 받쳐 준 사람과 그렇지 않은 사람과의 차이는 클 수밖에 없습니다.

생각해 볼 거리

분명 빅데이터라는 용어는 상대적으로 최근에 등장한 것이 맞지만 데이터라는 단어 자체는 꽤 오랜 예전부터 많이 이용되어 오고 있었습니다. 그리고 금융 분석가, 전력 분석가 등 분석가라는 용어도 분명 새로운 개념은 아닙니다. 결국 데이터 분석가라는 직종은 이렇게 낯설지 않은 두 용어가 합쳐져 만들어졌다고 볼 수 있습니다.

그래서 데이터 분석가가 빅데이터 시대에 탄생한 완전히 새로운 직종인지에 대해 물음을 던진다면 많은 고민을 하게 됩니다. 분명 빅데이터 시대 이전에도 데이터를 살펴보고 이를 통해 새로운 인사이트를 도출하려는 노력이 있어 왔습니다. 설문조사가 가장 대표적인 사례입니다. 설문조사를 통해 완성된 자료는 분명히 데이터라고 부를 수 있으며 그 내용을 분석해 얻고자 하는 것은 데이터 분석가가 하는 것과 크게 다르지 않습니다.

일반화하기에는 힘들지만 사람에 따라서는 데이터 분석가를 완전히 새로운 직업으로 인식하는 경우도 있습니다. 물론 빅데이터라는 것에 초점을 맞춘다면 새로운 직종으로도 볼 수 있습니다. 결국 데이터 분석가라는 직종을 어떻게 바라볼지에 대해서는 명확한 정답이 없으며 그 배경을 모두 이해하고 고민해 보려는 노력이 필요할 수 있습니다. 데이터 분석가를 이전부터 존재해 왔던 친숙한 업무를 진행하는 사람으로 바라볼지, 빅데이터라는 최신 트렌드에 특화된 인재로 바라볼지에 따라 데이터 분석가에 대한 평가는 많이 달라질 수 있습니다.

1-2-3 ▶ 데이터 과학자

거시적인 관점으로 빅데이터 관련 직종을 분류할 때 마지막으로 분류 가능한 직종은 바로 데이터 과학자입니다. 데이터 과학자를 정의하는 것에는 매우 다양한 의견이 있지만 실제로 데이터 과학자들이 하는 업무를 고려해 본다면, 데이터를 통해 미래를 예측해 보고자 하는 사람이라고 바라볼 수 있습니다. 그리고 데이터를 통해 미래를 예측하는 주된 방법으로 많은 인공지능 알고리즘들을 사용하기 때문에 데이터 과학자는 사실 인공지능 전문가와 명확한 구별이 힘들기도 합니다.

데이터 과학자

수학/통계학
- 확률
- 선형대수학
- 미적분
- 기술통계
- 추론통계
- 머신러닝
- 딥러닝

프로그래밍
- Python
- R
- 데이터베이스
- SQL
- Hadoop
- MapReduce
- 클라우드 시스템 이용 역량

도메인 지식
- 비즈니스 지식
- 도메인별 지식

커뮤니케이션
- 의사소통 지식
- 시각화
- 협업
- 보고서 작성

[그림 2-1-6] 좋은 데이터 과학자

물론 데이터 과학자도 데이터 분석가와 마찬가지로 그 기저에는 데이터를 통해 새로운 가치를 발굴해 내고자 하는 목적을 가지고 있습니다. 경우에 따라서 데이터 과학자 역시 미래를 예측하는 일에 그치지 않고 데이터 분석가와 마찬가지로 데이터 속 숨겨진 패턴, 인사이트를 찾으려는 노력을 기울이기도 합니다. 그렇기 때문에 데이터 분석가와 유사하게 데이터 과학자는 기본적인 프로그래밍 역량을 어느 정도 수준 이상으로 갖추어야 하며 그를 바탕으로 현상을 설명하거나 비즈니스적 제언을 해주는 역할도 할 수 있어야 합니다.

이렇게 데이터 과학자의 역할이 꽤나 넓음에도 불구하고 데이터 과학자를 데이터를 통해 미래를 예측하고자 하는 사람으로 정의하는 이유는 현실을 살펴볼 때 데이터 과학자의 대부분의 업무가 이와 연관되어 있기 때문입니다. 실제로 데이터 과학자들은 흔히 모델링(Modeling)이라고 부르는 업무를 많이 하게 됩니다. 모델링은 데이터를 통해 미래를 예측하고자 할 때 머신러닝, 딥러닝 알고리즘을 활용하여 새로운 모델 체계를 구축하는 것을 의미합니다. 이러한 이유로 데이터 과학자들은 앞선 직종들보다 훨씬 머신러닝, 딥러닝 등 인공지능 모델에 대한 높은 이해도를 지니고 있어야 하기도 합니다.

💡 | 생각해 볼 거리

데이터 과학자라는 용어 자체는 데이터 과학(Data Science)에서 파생되었습니다. 그리고 데이터 과학이라는 용어는 데이터를 활용해 지식이나 가치를 창출해 내기 위한 모든 프로세스를 통칭하는 말입니다. 빅데이터라는 단어가 한층 더 본래의 목적에 맞게 수정된 버전이 바로 데이터 과학이라고 할 수 있습니다.

데이터 과학이라는 단어의 뜻과 어원에서 알 수 있듯 사실 데이터 과학 그 자체는 굉장히 넓은 의미를 내포하고 있습니다. 의미상 데이터 엔지니어링도 데이터 과학의 한 영역이며 데이터 분석도 데이터 과학의 한 영역이라고 볼 수 있습니다. 그렇다 보니 데이터 엔지니어, 데이터 분석가, 데이터 과학자의 직종 구분을 100% 명확히 하는 것은 사실상 불가능에 가깝습니다. 어찌 보면 데이터 과학자라는 직종은 새로운 용어나 직업을 만들어 내고 이를 추앙하려는 사람들이 만들어 낸 허구적인 결과물일 수 있습니다.

만약 빅데이터 전문가가 되고자 하는 학생이 있다면 이 점을 유심히 고민해 보아야 합니다. 본인이 데이터 과학자나 분석가라는 타이틀 자체에 이끌려 맹목적으로 이 길을 걷고 싶은 것인지, 정말 이들이 하는 업무를 정확히 이해하고 이 분야에 매력을 느끼는 것인지에 대해 판단해 보는 시간이 필요합니다.

Chapter 2
빅데이터 학습하기

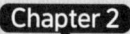

Chapter 2
빅데이터 학습하기

빅데이터 시대를 살아갈 때 빅데이터 그 자체의 이해도를 높이면 높일수록 좋은 것은 당연한 사실입니다. 관련된 지식이 아무것도 없는 채로 데이터를 활용하고자 하는 것보다는 많은 지식을 함양한 채로 데이터 활용을 노력하는 것이 훨씬 효율적입니다. 하지만 빅데이터 전문가가 아닌 이상 빅데이터 학습의 필요성을 느끼거나, 학습을 한다 할지라도 높은 수준으로 이를 진행하기에는 회의감이 드는 것이 사실입니다. 이 장에서는 빅데이터 학습과 연관되어, 어떤 마음가짐을 지녀야 하는지, 구체적으로 어떤 지식을 알고 있으면 좋을지에 대해 살펴보겠습니다.

2-1 빅데이터를 학습하는 이유

최근 산학을 막론하고 빅데이터의 중요성을 강조하는 사람이 많아지고 있습니다. 이러한 추세에 맞물려 빅데이터 교육 콘텐츠 역시 많이 활성화가 되고 있기도 합니다. 그렇다 보니 자연스럽게 많은 사람들이 빅데이터에 대해 교육을 듣고 공부를 하곤 합니다. 하지만 이렇게 빅데이터를 학습하는 사람들 중에서 학습 목적을 뚜렷이 가지고 있는 경우는 생각보다 찾기 힘듭니다. 단순히 '중요해 보이니까' 혹은 '자기계발을 위해서' 수준의 마음가짐만 가지고 빅데이터를 학습하는 경우가 많습니다.

실제로 빅데이터를 제대로 학습한다면 그렇지 않은 사람에 대비하여 많은 장점을 가질 수 있습니다. 그 수많은 장점 중 본인에게 도움이 될 수 있는 요소가 무엇이 있는지를 파악하고 이를 목적으로 학습을 한다면 훨씬 더 효율적으로 공부를 할 수 있을 것입니다.

2-1-1 ▶ 폭 넓은 빅데이터 지식의 활용성

빅데이터에 대해 공부해 관련 지식을 함양하게 되면 여러 가지 장점을 지닐 수 있습니다. 생각보다 이 세상에는 인공지능 알고리즘을 포함해 데이터 분석 결과가 적용되고 있는 시스템이 많습니다. 아는 만큼 보인다는 말이 있듯 한 번 빅데이터 분야에 대해 공부를 진행하고 나면 세상을 보는 눈이 훨씬 넓어질 수 있습니다. 하지만 이는 빅데이터 공부에 대한 단편적인 장점일 뿐입니다. 직접적으로 빅데이터 분석 과정을 이해하고 연습해 보면 커리어 선택의 다양성 등 다방면에서 본질적인 장점을 지닐 수 있습니다.

이를 뒷받침하는 사실 하나는 빅데이터 지식이 필요한 영역이 점차 늘어나고 있다는 점입니다. 단순하게 생각해 보면 빅데이터 지식을 활용하고 적용하는 것은 빅데이터 전문가들의 고유 영역으로 인식할 수 있습니다. 하지만 실상은 그렇지 않습니다. 이제는 다양한 직종에서 데이터 분석을 하나의 중요 역량으로 인식하기 시작했습니다. 숨겨진 패턴이나 인사이트를 발견할 수 있다는 빅데이터의 본질적인 기대효과가 너무도 뛰어나기 때문입니다. 이 때문에 간단한 SQL 쿼리를 작성하거나 R 코드를 작성할 줄 알아야 하는 사람들의 숫자도 점차 늘어나고 있습니다.

[그림 2-2-1]

실제로 간단한 프로그래밍과 데이터 관련 지식을 동반해 데이터를 다룰 줄 안다면, 손쉽게 바로 적용할 수 있는 분석 개념은 매우 많습니다. A/B 테스트, 특정 이벤트의 전후 비교, 전환율 차이 탐색 등은 모두 기술적으로 어려운 역량을 요하는 분석이 아닙니다. 즉, 추가적인 비즈니스 상황에 대한 이해도만 뒷받침되어 준다면 생각보다 많은 사람들이 겉보기에 어려운 이름이 붙은 분석들을 실제로 진행해 볼 수 있습니다. 특히 앞서 서술한 분석들의 경우 실제 빅데이터 전문가가 수행하는 것보다 관련 업계의 전문가들이 프로그래밍, 비즈니스 지식을 동반해 수행하는 것이 더 효율적일 수 있습니다.

실제 해당 업종을 가장 잘 이해하고 있는 사람이 데이터로 통제되지 않은 변수를 가장 잘 찾을 수 있으며, 분석 결과를 보더라도 이것이 유의미한 성과인지 아닌지를 쉽게 파악할 수 있기 때문입니다. 같은 결과를 보더라도 전환율의 1% 상승을 누군가는 유의미하다고 볼 것이며 누군가는 그렇지 않다고 볼 것입니다. 그리고 이러한 의견 차이에서는 보통 비즈니스에 대한 이해도가 높은 사람이 말하는 것이 실제 정답인 경우가 매우 많습니다. 이는 통계 분석을 통해 유의미성을 찾는 것과는 차원이 다른 일이며, 단순히 기술만을 공부한 데이터 분석가에게는 너무도 어려운 역량이 될 수 있는 부분입니다.

예를 들어, 최근 마케팅 분야는 데이터 분석 결과를 기반으로 마케팅 활동을 진행하는 것이 기본이 되었습니다. 데이터를 통해 고객이 선호하는 메시지 전달 채널을 알아내고, 고객의 성향을 분석하여 고객에게 개인화 및 최적화된 메시지를 전달합니다. 그리고 이러한 마케팅 활동의 결과는 다시 데이터화되어서 향후 마케팅 활동이 다시 수행될 때 분석의 대상으로 재사용됩니다.

이는 비단 마케팅 분야에만 해당되는 이야기는 아닙니다. 생산, 인사, UX, 스포츠 등 산업과 서비스가 존재하는 사실상의 모든 분야에서 빅데이터를 활용하기 시작했습니다. 프로 스포츠 선수의 각종 기록들을 데이터화하고 심지어는 경기 중 선수들의 움직임을 모두 센서로 포착하여 이를 분석하고자 하는 움직임은 이미 너무도 쉽게 우리 주변에서 찾아볼 수 있는 빅데이터 분석 사례가 되어 버렸습니다.

> **생각해 볼 거리**
>
> 빅데이터 트렌드가 지속됨에 따라 빅데이터 전문가들의 숫자가 늘어남은 물론 빅데이터 전문가 외에도 데이터 분석을 시도하는 노력이 늘어나고 있습니다. 그렇기에 빅데이터 전문가들은 생각보다 자주 빅데이터 전문가가 아닌 사람들과 같이 협업을 하곤 합니다. 데이터 분석에 필요한 도메인 지식을 얻는 것은 물론 비전문가들이 데이터 분석을 할 때 도움을 주는 역할을 하기도 합니다.
>
> 이를 생각해 보면 앞으로 업무를 하면서 중요해질 능력 중 하나는 바로 빅데이터 전문가와 잘 협업할 줄 아는 능력이 될 수 있습니다. 코딩을 한 번도 해보지 않거나 데이터 분석 과정에 대해 일련의 지식이 전혀 없는 사람들은 빅데이터 전문가들의 업무 속도를 보고 놀라곤 합니다. 생각지도 못한 부분에서 너무 시간이 오래 걸리거나, 많은 양의 업무라 생각한 것이 금방 끝나는 경우가 많기 때문입니다.
>
> 이는 비단 업무 속도에만 국한된 이야기는 아닙니다. 데이터에 대해 이해도가 전무한 상태라면 빅데이터 전문가들이 작업한 결과물에 대해 평가하는 것이 사실상 힘듭니다. 만약 빅데이터를 공부해 데이터 분석 전반의 지식이 있는 사람이라면 업무 결과 평가는 물론 추가적으로 데이터 활용 아이디어를 제시해 줄 수도 있습니다. 빅데이터 혹은 인공지능 전문가들을 마주칠 일이 점차 늘어날 것은 분명한 사실입니다. 이에 똑똑하게 그들과 함께 일할 방법에 대해서도 이제는 고민할 필요가 있습니다.

2-1-2 ▶ 컴퓨팅 사고 능력 함양

빅데이터 기술은 4차 산업혁명과 함께 성장세를 이루고 있습니다. 그리고 4차 산업혁명을 이루는 주요 기술 요소들은 빅데이터 외에도 많습니다. 빅데이터, 인공지능, IoT, 자율주행 등 다양한 기술들이 조화를 이루어 새로운 시대를 맞이할 준비를 하고 있습니다. 그래서인지 TV 프로그램을 볼 때면 관련된 전문가들에게 많은 사람들이 4차 산업혁명 시대를 어떻게 살아가면 좋은지 질문을 던지곤 합니다. 그리고 많은 전문가들은 컴퓨팅 사고 능력의 함양을 추천하고 있습니다.

[그림 2-2-2]

그만큼 컴퓨팅 사고를 할 줄 아는 능력은 4차 산업혁명 시대에 중요한 역량이 될 수 있습니다. 최근 어린 학생들을 대상으로 코딩 학원이 급속도로 늘어나고 있는 것도 같은 원인으로 바라볼 수 있습니다. 이 지점에서 짚고 넘어가야 할 점은 바로 컴퓨팅 사고에 대해 정확히 정의를 할 줄 알아야 한다는 것입니다. 많은 사람들은 컴퓨팅 사고가 코딩을 잘할 수 있도록 사고하는 것을 의미한다고 말합니다. 컴퓨팅 사고의 사전적 정의는 컴퓨터가 일을 할 수 있도록 업무를 설계하고 답을 잘 설정하도록 사고하는 방식을 의미합니다.

여기서 한 가지 중요한 점은 컴퓨팅 사고라는 것이 무언가 특별하고 대단한 존재가 아니라는 것입니다. '숫자'라는 하나의 키워드만 머릿속에 기억을 잘 하고 있어도 생각보다 우리는 컴퓨팅 사고를 잘 체감할 수 있습니다. 컴퓨터는 모든 계산을 함에 있어 언어를 숫자로 인식하고 그 숫자들을 계산해 작업 결과물을 우리 눈에 보여줍니다. 그래서 우리가 생각할 때 정말 간단한 업무도 프로그래밍을 통해 풀어내려면 꽤 어려울 때도 있고 복잡하다고 여기던 것이 간단하게 해결될 때도 있습니다.

이때 간단하게라도 프로그래밍, 즉 코딩을 배워 실천해 본다면 컴퓨터로 프로그램이 만들어지는 모든 과정을 직관적으로 이해할 수 있습니다. 그리고 빅데이터 공부를 할 때 반드시 배워야 하는 필수사항 중 하나가 바로 코딩입니다. 흔히 말하는 개발자가 하는 코딩과 빅데이터 전문가가 하는 코딩은 다소 결이 다른 것이 사실이지만 이 둘은 모두 컴퓨팅 사고를 자연스럽게 도와준다는 공통점이 있습니다. 컴퓨터에게 시킬 일과 내가 직접 할 일을 구분할 줄 아는 정도의 판단력만 갖추고 있어도 꽤나 훌륭한 컴퓨팅 사고를 하고 있다고 할 수 있으며 그 정도 수준의 코딩 능력을 가지는 것은 생각보다 그리 오랜 시간이 걸리지 않습니다.

> **| 생각해 볼 거리**
>
> 앞서 언급하였듯 빅데이터는 4차 산업혁명을 대표하는 기술이지만 4차 산업혁명에는 빅데이터 외에도 다양한 기술 영역이 존재합니다. 그런데 하나 신기한 사실이 있습니다. 바로 빅데이터, 인공지능, IoT, 자율주행, 클라우드 등의 어려워 보이는 기술들이 사실은 서로 모두 연관되어 있다는 점입니다.
>
> IoT 기기는 각 사물에 삽입되어 있는 센서를 통해서 데이터를 생산합니다. 그리고 그 데이터를 분석하는 것이 IoT 기기 활용성에 중요한 요소가 됩니다. 이렇게 생산되는 빅데이터는 다시 인공지능 기술의 기반이 됩니다. 인공지능은 데이터를 재료로 하여 컴퓨터에게 학습을 시키기 때문입니다. 그리고 자율 주행의 핵심은 다시 인공지능이 됩니다. 사람의 도움 없이 전방을 파악하고 주행을 결정하는 것은 모두 인공지능의 몫입니다. 그리고 이런 인공지능과 빅데이터는 모두 클라우드 환경 위에서 저장되고 생성됩니다. 방대한 양의 데이터를 저장하거나 복잡한 인공지능 모델을 개인 PC로 구현하기에는 한계가 있기 때문입니다.
>
> 어찌 보면 4차 산업혁명은 하나의 생태계를 이루고 있다고 볼 수 있습니다. 하나의 기술이 발전하면 다른 기술에도 긍정적인 영향을 미치도록 시스템이 구축되어 있습니다. 많은 사람들이 4차 산업혁명이라는 거대한 흐름 앞에 서는 것을 두려워하곤 합니다. 하지만 이 생태계를 꿰뚫는 원리를 이해한다면 생각보다 4차 산업혁명 시대를 똑똑하게 사는 것은 어렵지 않을 수 있습니다.

2-2 일반인이 알아야 할 빅데이터 지식

빅데이터 지식은 어렵습니다. 빅데이터와 인공지능을 전공하고 이를 업으로 삼고 있는 사람들조차 빅데이터 지식에 대하여 어려워합니다. 동시에 빅데이터 지식의 종류는 굉장히 다양합니다. 그리고 다행히 다양한 빅데이터 지식이 모두 다 어렵지는 않습니다. 어떤 빅데이터 지식은 전공자가 아닌 일반인도 충분히 이해할 수 있습니다. 그리고 쉽게 이해할 수 있는 빅데이터 지식 중에서는 생각보다 많은 활용 가치를 지닌 개념도 있습니다. 결국, 이해하기 쉬운 빅데이터 지식만을 모아 빠르게 이해도를 지닌다면 빅데이터 시대를 살아가는 데 많은 도움이 될 수 있습니다.

2-1-2 ▶ 데이터 가공과 추정 지수

모든 데이터는 저장되기 전 초기 수집 과정을 거칩니다. 이는 앱이나 웹에 대한 로그 자료가 될 수 있으며, 센서를 통해 얻어진 데이터일수도 있으며, 고객에게 정보를 직접 받아 이를 데이터화한 것일 수도 있습니다. 이렇듯 데이터는 모두 초기 수집될 때의 원래 모습이 있으며 이를 원천 데이터라고 합니다. 그리고 원천 데이터는 다시 한번 사람의 사후 작업을 통해 가공이 되기도 하며 데이터의 가공 정도는 데이터마다 매우 상이합니다.

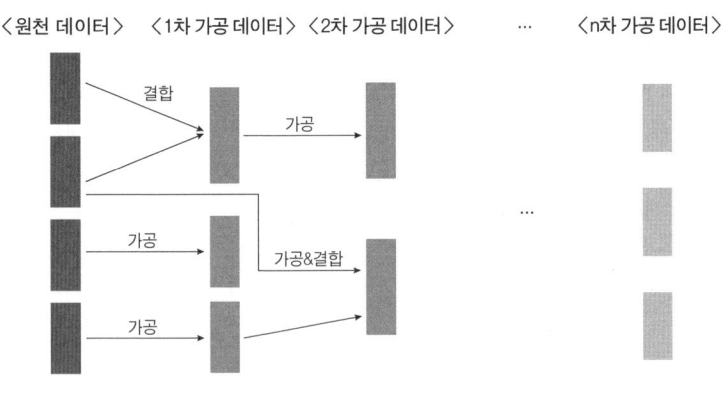

[그림 2-2-3] 데이터 가공의 개념

극단적으로 가공이 많이 된 데이터와 원천 데이터 두 가지의 데이터가 있다고 가정할 때 이 두 데이터는 많은 성질의 차이를 보입니다. 일반적으로 원천 데이터는 데이터 자체의 오류가 적은 편입니다. 사람의 손을 최소로 타고 탄생한 것이 원천 데이터이기 때문입니다. 그러나 대부분의 원천 데이터는 사람이 이해하기에 매우 어렵습니다. 원천 데이터에는 전문 도메인 용어나 컴퓨터 관련 용어가 너무도 많이 등장하기 마련입니다. 반대로 극단적으로 가공이 많이 된 데이터는 데이터의 신뢰도를 의심해 볼 필요가 있습니다. 가공 과정 중 조금이라도 실수가 있으면 데이터 자체에 오류가 생기기 때문입니다. 대신 사람의 손을 많이 탄 만큼 가공이 된 데이터는 데이터를 이해하고 해석하기에 상대적으로 쉬운 경향이 있습니다.

그리고 대부분의 데이터는 가공을 거칠수록 지수라는 이름으로 최종 변신을 완료하게 됩니다. 주가 지수, 엥겔 지수 등 우리가 친숙한 지수들은 모두 원천 데이터의 연산을 통해 탄생하였습니다. 그리고 최근 지수를 만드는 데 가장 인기가 많은 방법은 인공지능을 활용하는 것입니다. 인공지능을 통해 특정한 사안에 대해 지수를 예측하도록 만들고 이러한 값을 실무적으로 많이 활용하곤 합니다. 우리는 원천 데이터를 지수라는 하나의 숫자로 가공하고, 이러한 지수를 통해 여러 정보를 얻어내곤 합니다.

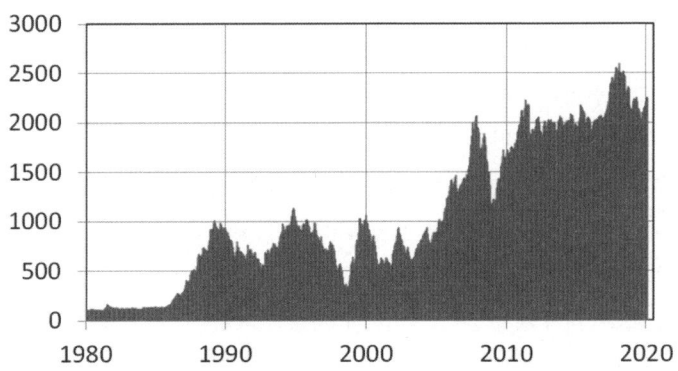

[그림 2-2-4] 대표적 지수인 KOSPI 지수

이렇듯 지수의 개념은 해석의 용이성에 장점이 있기 때문에 가장 사랑받는 데이터 중 하나라고 할 수 있습니다. 복잡하게 흩뿌려진 데이터를 다시 모으고 전처리하고 분석을 진행하지 않더라도 우리는 지수 하나만을 이용해 생각보다 많은 정보를 찾아낼 수 있습니다. 이러한 지수의 성격 때문에 지수는 앞으로도 분명 많은 사랑을 받을 것이며 사회/경제/정치/문화를 막론하고 각종 분야에서 새로운 지수가 발표될 것입니다. 하지만 우리가 지수화된 데이터를 볼 때면 언제나 유의해야 할 점이 하나 있습니다. 바로 그 지수가 틀릴 수도 있으며 전체를 대표하리라는 보장은 없다는 것입니다.

이 세상에는 데이터 가공을 거쳐 탄생한 지수가 수도 없이 많습니다. 그렇다는 것은 가공된 단 하나의 수치만으로는 표현할 수 없는 것이 수없이 많이 존재한다는 것을 의미하기도 합니다. 생성한 지수가 커버하지 못하는 해석의 영역이 있을 수 있으며, 지수로 해석이 가능한 영역이라 할지라도 그 지수가 반드시 확실한 대표성을 가지리라는 보장은 없습니다. 지수에 대한 이러한 단점은 다소 추상적이며, 모든 지수가 대표성과 같은 문제를 지니고 있지는 않습니다. 그럼에도 이러한 단점은 우리가 지수를 바라볼 때는 반드시 유념해야 할 사항 중 하나입니다.

예를 들어, KOSPI 지수가 높게 형성된다면 대부분의 종목의 주식 가격이 상승하고 있다는 것을 의미합니다. 하지만 이것이 모든 종목 주가의 상승을 의미하지는 않습니다. 때에 따라서는 KOSPI 지수 산정에 포함되는 특정 종목만 상승을 하고 그 외의 종목들은 고전을 면치 못하는 경우도 충분히 상상할 수 있습니다. 또한 최근 각광받고 있는 머신러닝을 통한 지수 산정은 예측 실패라는 아주 중요한 위험성이 도사리고 있습니다. 예를 들어, 머신러닝을 통해 KOSPI 지수를 예측한다고 하면, 그 결과는 당연히 틀릴 확률이 매우 높습니다. 결국 알고리즘 자체가 본래 의도한 수치를 예측하는 데 실패한다면 해당 지수는 사용하기에 많은 무리가 따르게 됩니다. 아무리 해당 지수가 의도한 바가 계획적이고 치밀하다 한들, 그 지수를 정확히 맞추는 데 실패한다면 모든 것이 물거품이 된 것이라고 볼 수 있습니다. 결국 지수를 살펴볼 때면 언제나 그 지표가 가지고 있는 의미를 잘 기억하되, 이 지수가 원래의 목적과 다르게 움직이거나 실패할 가능성도 충분함을 우리는 늘 잘 기억하고 있어야 합니다.

> **| 생각해 볼 거리**
>
> 어떤 데이터가 질 좋은 데이터일까?라는 질문에 대답을 하는 것은 쉬운 일이 아닙니다. 질 좋은 데이터라는 것을 정의하는 일 자체가 매우 어렵기 때문입니다. 때로는 쓸모 없다고 생각했던 데이터에서 생각지도 못한 좋은 정보를 알아낼 때도 있고, 활용성이 높다고 생각한 데이터에서 그럴듯한 인사이트를 찾지 못하는 경우 역시 비일비재합니다.
>
> 하지만 데이터 분야에서는 Garbage In Garbage Out이라는 말이 유명합니다. 좋지 않은 데이터를 이용하면 좋지 못한 결과물을 얻게 될 것이라는 의미입니다. 질 좋은 데이터에 대해 정의를 내리기 어려운 것과 별개로 이 말은 분명한 사실입니다. 역설적으로 그렇기에 사람들은 더욱더 질 좋은 데이터를 찾는 데 많은 열정을 기울이고 있습니다. 여기서 데이터의 가공 정도는 질 좋은 데이터를 판단하는 데 하나의 지표가 될 수 있습니다.
>
> 보통 활용성이 높은 데이터는 가공이 너무 많이 되지도, 그렇다고 원천 데이터에 가까운 모습을 지니지도 않는 경우가 대부분입니다. 앞서 언급하였듯 원천 데이터는 바로 분석하기에는 그 세부 내용을 이해하기 힘든 경우가 많으며, 너무 많은 가공을 거쳤다면 데이터에 어떤 가공 과정이 거쳐졌는지를 모두 이해해야 합니다. 물론 이렇게 질 좋은 데이터를 판단하는 것에는 분명 많은 예외의 경우가 있습니다. 어떤 데이터가 우리에게 필요한 좋은 데이터일지에 대해서는 많은 논의가 이루어져야 하는 주제 중 하나입니다.

2-2-2 ▶ 인공지능 기본 원리

빅데이터와 인공지능에 흥미가 있는 사람들이 무언가를 배우고자 할 때 가장 많이 배우는 내용 중 하나는 바로 인공지능의 원리입니다. 아무래도 빅데이터, 인공지능 관련 강의나 서적을 살펴보면 이에 대해 설명하는 내용이 대부분이기 때문에 이는 어쩔 수 없는 현상이라고 볼 수 있습니다. 물론, 실제로 인공지능 모델을 만들 일이 없는 사람이라 할지라도 인공지능의 원리를 이해하고 있는 것은 삶을 살아가는 데 유리하게 작용할 수 있습니다. 원리를 이해하는 것 그 자체로 인공지능의 한계와 발전 가능성을 동시에 체감할 수 있기 때문입니다.

하지만 현재 활용되고 있는 수준 높은 인공지능 기술들은 모두 그 원리가 매우 복잡합니다. 인공지능 속을 살펴보면 수많은 수식들이 자리하고 있으며 그 수식 자체를 이해하는 것도 어려울 뿐더러 수식들 간에 어떤 관계성을 띠고 있는지를 파악하는 것도 쉬운 일이 아닙니다. 그렇지만 다행히 딥러닝, 머신러닝 기술을 활용하고 있는 다양한 이름의 인공지능들은 그 뿌리가 모두 동일합니다. 그래서 거시적인 관점에서 인공지능의 원리를 파악하고 그 내용을 수학적으로 이해하는 것은 이제 갓 공부를 시작한 사람들에게도 크게 어려운 일이 아닙니다.

대부분의 인공지능은 신경망(Neural Network)이라는 알고리즘을 그 기본 원리로 삼고 있습니다. 특히 딥러닝이라는 이름의 기술을 사용한 인공지능의 경우 100% 신경망 알고리즘을 이용하고 있다고 보아도 무방합니다. 때문에 신경망에 대해서 이해하고 그 작동 프로세스를 파악한다면 아무리 복잡한 최신 인공지능일지라도 이 인공지능이 어떻게 탄생해서 무엇을 목적으로 작동되고 있는지 쉽게 이해할 수 있습니다. 어찌 보면 모든 인공지능 기술들이 신경망을 기본으로 하고 있다는 것은 공부를 하는 사람의 입장에서는 공부량을 줄여주는 희소식이라고 볼 수 있습니다.

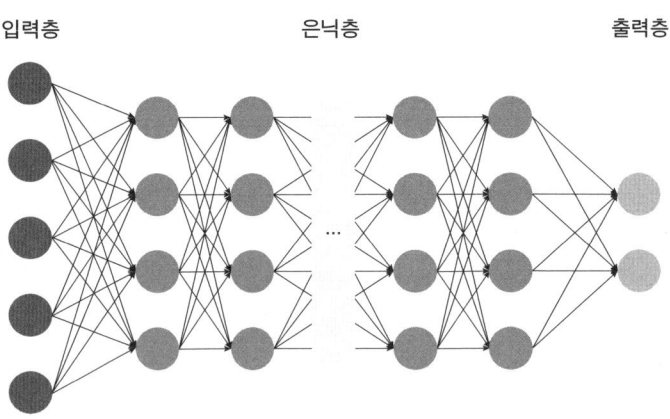

[그림 2-2-5] 신경망 알고리즘의 기본 구조

> **| 생각해 볼 거리**
>
> 인공지능이라는 단어를 있는 그대로 해석해 보면 인간 수준의 지능을 인간이 아닌 존재에게 가지도록 하는 것이라고 볼 수 있습니다. 한마디로 똑똑한 물건을 만드는 것이 인공지능의 가장 기본적인 목적입니다. 하지만 인간이 아닌 존재에게 인간과 같은 지능을 심어 주는 것이 어려운 작업이 될 것이라는 것은 불 보듯 뻔한 이야기입니다.
>
> 그래서 인공지능의 역사를 살펴보면 대부분이 실패의 역사로 기록되어 있습니다. 인공지능이라는 개념이 가장 처음 등장한 것은 1950년대인데 초창기의 인공지능은 매우 간단한 수학 문제 하나를 풀지 못해서 그 한계점을 드러내기도 했습니다. 그러던 인공지능이 2000년대에 들어와 빅데이터를 만나며 급속도로 발전을 시작했으며 그것이 현재의 인공지능에 이르게 된 것입니다.
>
> 지금의 발전된 인공지능은 발전 재료로 빅데이터를 활용하고 발전 방법으로는 신경망을 이용합니다. 그리고 신경망은 인간의 신경 세포를 그 기원으로 합니다. 신경망이라는 방법론 자체가 뉴런을 필두로 한 인간의 신경 세포를 컴퓨터로 재현해 보자는 도전의 일환으로 시작된 것이기 때문입니다. 결국 인공지능은 실패의 실패를 반복하다 신경망을 만나 비약적인 발전을 보였습니다. 인간의 지능을 심어 주기 위해 노력을 할 때, 가장 큰 성과를 보이는 것이 인간의 생물 작용을 따라 한 결과라는 것은 심오하면서도 신기한 일입니다.

2-2-3 ▶ 인공지능 평가 방법

성능 좋은 인공지능 모델을 실제로 구현해 내는 일은 아무나 할 수 있는 일이 아닙니다. 이를 위해서는 꽤나 높은 수준의 알고리즘 이해도 및 코딩 능력이 필요합니다. 그래서 같은 데이터에 같은 모델을 이용한다고 할지라도 사람마다 생성하는 인공지능의 성능은 모두 다르게 됩니다. 이 상황에서 빅데이터 전문가를 포함한 관련된 사람들이 반드시 갖추어야 할 역량이 한 가지 있습니다. 바로 딥러닝, 머신러닝 등의 알고리즘을 이용한 인공지능 모델의 성능을 평가하는 방법을 알고 있는 것입니다.

인공지능의 성능을 평가할 때는 크게 두 가지 측면을 고려하게 됩니다. 첫 번째는 인공지능의 학습 속도가 빨라야 한다는 것이며, 두 번째는 인공지능의 결과물이라고도 할 수 있는 예측 결과물이 정확해야 한다는 것입니다. 사실 인공지능이 얼마나 빨리 학습을 하는지, 즉 실무에서 인공지능을 적용하기 위해서 컴퓨터가 얼마나 오랫동안 코딩을 해야 하는가에 대해서는 판단을 하기 쉽습니다. 동일한 성능의 PC에서 각기 다른 인공지능 모델을 수행만 시켜 보면 되기 때문입니다. 간단한 코드 작업을 통해 해당 모델이 학습 완료되는 데 걸리는 시간을 분, 시간 단위로 측정할 수 있습니다.

하지만 인공지능의 예측 성과를 평가하는 것은 생각보다 복잡한 일이 될 수 있으며 그렇기에 예측 성과를 평가하는 방법에 대해서 깊이 있게 공부할 필요가 있습니다. 딥러닝, 머신러닝 모델들은 크게 수치(숫자)를 예측하는 경우와 Yes or No를 예측하는 경우로 나누어 볼 수 있습니다. 각각에 대한 예시로 주식 가격을 예측하는 것과 특정 정치인의 당선 여부를 예측하는 사례를 생각해 볼 수 있습니다. 인공지능 분야에는 각 사례에 대해 정답 데이터와의 절대적 값 차이, 혼동 행렬(Confusion Matrix)과 같이 평가의 기본이 되는 개념이 있습니다. 하지만 이러한 기본적 개념을 넘어 인공지능 모델은 속도, 정확도, 일관성 등 평가할 때 다양한 요소를 고려해야 하는 경우가 많습니다. 이 때문에 특정 상황에 적합한 평가 산식을 선택하는 것은 인공지능을 적용하기 위해 반드시 거쳐야 될 관문 중 하나입니다.

	예측 클래스 (Predicted Class)	
	Negative(0)	Positive(1)
실제 클래스 (Actual Class) Negative(0)	TN (True Negative)	FP (False Positive)
Positive(1)	FN (False Negative)	TP (True Positive)

[그림 2-2-6] 대표적 인공지능 평가 방법인 혼동 행렬

> **| 생각해 볼 거리**
>
> 알파고와 알파고가 바둑을 둔다면 누가 이길까? 인공지능에 대해 고민을 조금 해 본 다면 쉽게 궁금해할 수 있는 질문입니다. 그리고 우리는 간단히 이 질문에 답할 수 있습니다. 두 알파고에게 바둑 대결을 시켜 보면 됩니다. 사실 알파고에게 이 질문을 던지는 것은 쉽습니다. 알파고는 명확히 승패가 존재하는 바둑 게임을 위해 만들어진 인공지능이기 때문입니다.
>
> 하지만 바둑 외의 영역에서는 문제가 달라집니다. 명확한 승패가 없는 영역에서는 성능 평가 방법을 고안하지 않으면 두 개의 인공지능 중 어느 것이 더 우수한지 알 방법이 없습니다. 결국 인공지능의 성능 평가 방법은 인공지능 간 어떤 인공지능이 더 우수한지를 알기 위해 만들어진 개념이라고 해석할 수도 있습니다. 그리고 지금은 그 성능 평가 지표가 너무나도 많이 발전해 지표의 원리만 이해하고 있다면 인공지능 간의 성능을 비교하는 것이 그리 어렵지 않습니다.
>
> 같은 이유로 A라는 사람이 만든 인공지능과 B라는 사람이 만든 인공지능은 성능 평가 방법을 기준으로 우위를 평가받곤 합니다. 생각해 보면 대부분의 직종은 특정한 사람이 다른 사람보다 더 뛰어나다고 말할 명확한 근거를 가지기 힘든 경우가 많습니다. 하지만 성능 평가 지표 덕분에 인공지능 분야는 그렇지 않습니다. 생각보다 냉정한 평가가 기다리고 있는 세계가 바로 인공지능 전문가의 세계라고도 볼 수 있습니다.

2-3 빅데이터 지식 학습 방법

2-3-1 ▶ 도서 활용하기

일반적으로 새롭게 공부를 하고자 마음을 먹은 사람들이 가장 먼저 하는 행동 중 하나가 서점에 가 관련 서적을 사는 것입니다. 이는 빅데이터 분야라고 크게 다를 것이 없습니다. 최근에는 빅데이터 전문가들도 많이 생겨나고 있고 빅데이터를 공부하고자 하는 사람도 점차 늘어나고 있어 관련 서적이 서점에 너무나도 많이 준비되어 있습니다. 그리고 이러한 도서들을 활용해 공부를 하는 것은 훌륭한 빅데이터 공부 방법 중 하나입니다.

전체 출간 도서

벡터와 친구들이 알려주는 선형대수
벡터와 친구들이 알려주는 선형대수 부제 데이터 과학자가 되기 위해 꼭 알아야 하는 수···
2022.02.11

팀장님, 우리도 협업 도구 쓸까요?
팀장님, 우리도 협업 도구 쓸까요? 부제 성공적인 개발 조직을 위한 5가지 협업 도구 저···
2022.02.11

파이썬으로 만드는 나만의 게임
파이썬으로 만드는 나만의 게임 부제 핑퐁, 장애물 피하기, 레이싱, 슈팅 게임 등 다양한···
2022.01.18

스벨트로 시작하는 웹 프런트엔드
스벨트로 시작하는 웹 프런트엔드 부제 Svelte 프레임워크를 이용한 웹 프런트엔···
2022.01.17

파이썬으로 익히는 말랑말랑 알고리즘
파이썬으로 익히는 말랑말랑 알고리즘 부제 차근차근 설명하고 막힘없이 이해하는 알···
2022.01.10

이야기로 다가가는 HTML
이야기로 다가가는 HTML 부제 어려운 코딩 없이 쉽게 이해하는 HTML 입문서 저자 고···
2021.12.29

Node.js 프로젝트 투입 일주일 전
Node.js 프로젝트 투입 일주일 전 부제 Node.js의 다양한 모듈을 활용한 웹 서버···
2021.12.27

알고리즘 구현으로 배우는 선형대수 with 파이썬
알고리즘 구현으로 배우는 선형대수 with 파이썬 부제 행렬의 기초부터 텐서를 활용한···
2021.12.24

[그림 2-2-7] 빅데이터 관련 서적

물론 관련 서적이 너무나도 많이 출판되어 있기 때문에 공부를 하는 사람 입장에서 어떤 서적을 선택해야 하는지 고민이 들 수도 있습니다. 이때는 본인의 상황을 고려하고 그에 맞는 도서를 선택하는 것이 중요합니다. 예를 들어, 파이썬 프로그래밍을 통해 데이터 분석을 진행하고자 마음먹은 사람들은 R과 같은 다른 프로그래밍 언어로 기초 실습을 진행하는 책을 고르는 것은 지양해야 합니다. 추가적으로 대부분의 도서는 통계학, 프로그래밍, 머신러닝 그리고 머신러닝 안에서는 자연어 처리, 이미지 처리 등 그 세부 분야를 나눠 놓고 지식을 전달하고 있을 확률이 높습니다. 이러한 이유 때문에 학습을 시작하기에 앞서 본인이 학습을 진행하고자 하는 방향이 어느 분야인지에 대한 명확한 인지가 선행되어야 합니다.

다만, 서점에서 책을 구매하여 빅데이터 공부를 할 때는 한 가지 주의할 점이 있습니다. 바로 출판되어 있는 대부분의 책들이 데이터 분석이나 데이터 과학과 관련하여 입문자를 타깃으로 삼고 있다는 점입니다. 이는 이제 막 공부를 시작하려는 사람의 입장에서 분명한 장점입니다. 하지만 어느 정도 공부를 진행해 왔고 그에 따라 기본적인 실력을 갖추고 있는 사람이라면 책을 통해 본인의 실력을 향상시키기에는 한계가 있을 수 있습니다. 그래서 빅데이터 학습에 대한 모든 계획을 도서를 활용해서 마치려는 마음가짐을 지니기보다는 이를 통해 기본 역량을 갖추고 그 후에는 새로운 공부 계획을 세워 학습을 진행하는 것을 추천 드립니다.

> **생각해 볼 거리**
>
> 출판된 서적들의 대부분이 입문자에게 적합한 수준의 내용을 전달하고 있는 만큼 빅데이터 분야의 서적은 책들 간에 그 내용에서 큰 차이를 보이지 않는 경우가 대부분입니다. 파이썬 프로그래밍을 예시로 든다면, 모두 파이썬 프로그램의 설치부터 시작할 확률이 높습니다. 영어에 대해 아예 모르는 사람에게 영어를 알려주기 위해서는 A, B, C와 같은 알파벳부터 알려 주는 것이 불가피한 것과 유사한 이유입니다.
>
> 새롭게 빅데이터를 공부하고자 하는 사람들이 가장 많이 질문을 하는 것 중의 하나는 공부하는 데 도움이 되는 도서나 강의를 추천해 달라는 것입니다. 하지만 위와 같은 이유로 어떤 책을 고르는 것이 좋은지에 대해서는 많은 고민을 기울일 필요가 없습니다. 물론 수많은 책들 중에는 질이 너무나 좋지 못해 원활한 학습에 방해를 주는 도서가 있을 수도 있습니다. 그렇기에 관심 있는 세부 분야에서 가장 많이 팔린 책들 중에 하나를 고르는 정도만 해도 도서 선정에 실패를 하는 일은 거의 없다고 볼 수 있습니다.
>
> 다만, 입문자 용도가 아닌 어느 정도 실력을 갖추고 있는 사람이 전문 지식을 공부하기 위해 책을 살펴볼 경우에는 이야기가 다릅니다. 그래서 어느 정도의 수준에 이르게 되면 책을 고르는 본인만의 노하우를 정립해 둘 필요가 있습니다. 여기에는 내용 자체의 깊이, 이론과 예제의 비율, 활용 데이터의 종류, 저자의 명성 등 다양한 고려 요소가 있을 수 있습니다.

2-3-2 ▶ 플랫폼 이용하기

빅데이터 분야는 공부를 할 때 관련 도서만을 이용하기에는 실력 상승에 한계가 있습니다. 아무래도 실제 코딩과 같이 실습의 영역이 너무나도 중요하기 때문입니다. 그래서 많은 사람들이 이용하고 또 그 효율성이 높은 것이 바로 데이터 사이언스 전문 플랫폼을 이용하는 것입니다. 특히 여기서는 데이터 사이언스 경진대회 플랫폼을 말하고자 합니다. 빅데이터, 인공지능 등의 분야는 실제 기업이 본인들의 데이터 문제를 해결하기 위해 데이터를 제공하고 경진대회를 여는 것이 흔한 일입니다. 그리고 데이터 사이언스 경진대회 플랫폼은 그러한 경진대회를 주기적으로 주관하는 플랫폼을 뜻합니다.

이러한 경진대회 플랫폼을 통해서 경진대회에 참여하는 것은 학습자 입장에서 여러 장점을 가져다줍니다. 학생에게는 실제 기업의 데이터와 그에 대한 니즈가 어떤 것인지를 캐치하게 해 주며, 직장인이라면 해당 경진대회를 통해서 데이터 분야의 최신 트렌드를 간접적으로 체험할 수 있게 해 줍니다. 그리고 이러한 플랫폼의 가장 큰 장점은 참여자들 간 토론 문화가 활발히 형성되어 있다는 점입니다. 특정 대회에서 1등을 한 사람의 코드를 마음껏 구경할 수 있음은 물론 대회와 연관이 없더라도 빅데이터와 관련해 궁금증을 질문하거나 고민을 이야기하면 이에 대해 자유롭게 토론하는 긍정적인 문화가 형성되어 있습니다.

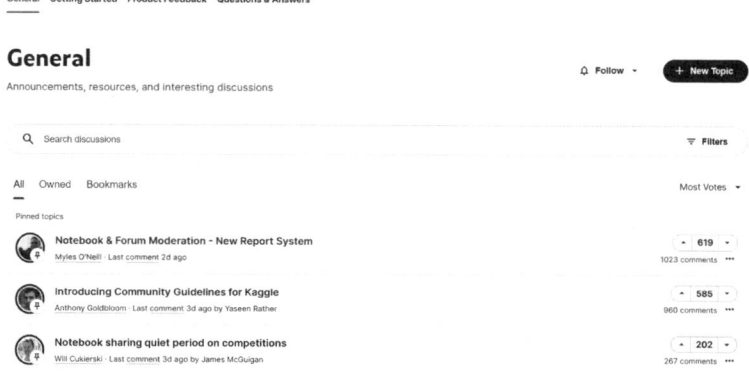

[그림 2-2-8] 실제 Discussion 게시글

이러한 데이터 사이언스 플랫폼은 조금씩 그 숫자가 늘어나고 있지만 전 세계적으로는 캐글(https://www.kaggle.com), 우리나라로 한정한다면 데이콘(https://dacon.io)이라는 플랫폼이 가장 많은 이용자 수를 자랑하고 있으며, 이 두 곳은 모두 앞서 언급한 토론 문화도 활발하게 정착되어 있습니다. 만약 이러한 플랫폼을 꾸준히 활용하고 그 안에서 열리는 경진대회 역시 주기적으로 참여한다면, 자연스럽게 다양한 종류의 데이터를 분석해 보는 기회를 얻을 수 있으며 각 대회 입상자의 코드를 참고하며 좋은 빅데이터 분석을 위한 참고 자료를 얻을 수도 있습니다.

빅데이터 분야에 관심이 있는 사람을 단순히 직장인과 학생으로만 나누었을 때, 이러한 경진대회 플랫폼에 참여하고 경험을 쌓는 것은 특히 학생들에게 더욱 의미 있는 일이 될 수 있습니다. 강의를 듣거나 책을 보며 빅데이터, 인공지능에 대해 공부하는 것도 물론 하나의 좋은 공부법이라 할 수 있지만 실제 분석 경험 기반의 역량 상승이라는 측면을 고려했을 때 경진대회 플랫폼을 이용하는 것이 가장 효율적인 방법이 될 수 있기 때문입니다.

비단 빅데이터 분야가 아니더라도 살면서 겪게 되는 많은 일들은 직접 경험을 하는 것이 가장 효율적일 때가 많습니다. 언어, 운전, 업무 등 이 말이 해당되는 일은 찾아보면 너무 많습니다. 아무리 사전을 통해 영어 단어를 외우고 문법에 대해 공부를 하더라도 실제 외국인들과 영어로 대화를 해 보는 것이 영어 실력 상승에 가장 도움이 될 수 있습니다. 아무리 교통 법규를 사전에 숙지하고 운전 이론에 대해 많은 학습을 한다고 할지라도 실제로 길거리에서 운전을 많이 해 보는 것이 운전 실력 상승에는 가장 큰 영향을 줄 수 있습니다. 빅데이터, 인공지능 분야 역시 이러한 사례와 마찬가지라고 볼 수 있습니다.

경진대회 플랫폼을 통해 실제 현업에서 사용되는 데이터를 제공받고 이를 가공하여 완성된 결과물을 제공하는 것까지 전체 프로세스를 실제로 경험해 보는 것은 빅데이터 관련 역량 상승에 매우 큰 도움이 될 수 있습니다. 다만 아무래도 경진대회라는 형식의 특성상 순위가 명확히 가려지게 되고 그 순위에 따라 상금을 받을 수 있을지 없을지, 명예를 얻을 수 있을지가 모두 결정되게 됩니다. 그래서 많은 학생들은 경진대회를 참가함에 있어 처음부터 많은 욕심을 부리며 당장의 수상을 위해서만 경진대회 플랫폼을 활용하는 경우가 많습니다.

물론, 높은 목표를 가지고 경진대회를 진행하는 것이 절대 나쁘다고 말할 수는 없습니다. 다만 경진대회 플랫폼은 결과가 좋을 경우 돈과 명예를 얻을 수 있다는 장점 외에도 다른 사람과의 의견 공유, 역량 상승 등 다른 장점 역시 매우 많다는 것을 잘 알고 있어야 합니다. 특히 이제 막 이 분야에 입문한 사람이라면 수상에 많은 욕심을 부리기보다는 배운다는 마음가짐으로 이 분야에 최고인 사람들은 데이터 문제를 어떤 방식으로 접근하는지를 바라보는 것이 효율적일 수 있습니다.

그렇게 어느 정도 시간이 지나고 자연스럽게 역량이 쌓인다면 그때부터 승부욕을 가지고 경진대회 수상을 노려도 절대 늦지 않습니다. 만약 경진대회 플랫폼을 통해 빅데이터 분야 고수들의 접근 방식을 완벽히 이해한다면, 이를 통해 생각지 못한 큰 재미를 느낄 수도 있습니다. 각자 개발한 모델 중 어느 모델이 성능이 우수한지를 겨루며 승부욕과 짜릿함, 절망을 모두 맛볼 수 있는 매력적인 장소가 바로 경진대회 플랫폼이기 때문입니다.

다만 인공지능 모델을 다루는 것이 아닌 분석에 초점을 맞추고 커리어를 쌓아 가고자 하는 사람이라면 이를 위한 경진대회가 다소 부족한 것이 경진대회 플랫폼의 단점이라고 할 수 있습니다. 아무래도 경진대회의 성격상 참가자들의 성적을 객관적으로 평가하여 순위를 매길 수 있어야 하는데, 분석을 통한 인사이트 발굴에는 이러한 객관성이 적용되기 어렵기 때문입니다. 그렇기 때문에 빅데이터 전문가 중 데이터 분석가보다는 데이터 과학자를 희망하는 사람들에게 경진대회 플랫폼 이용이 더욱 적합할 수 있습니다.

> **💡 | 생각해 볼 거리**
>
> 일반적으로 취업, 이직 활동을 할 때 스펙이라는 것을 중요하게 생각합니다. 시간의 변화에 따라 최근에는 스펙 위주의 채용이 점차 줄어가는 경향이 있지만 스펙은 여전히 많은 사람들이 신경 쓰는 중요한 요소 중 하나입니다. 그렇기 때문에 여전히 많은 사람들은 좋은 대학을 나오고 학점을 높게 받고자 하며 주기적으로 영어 시험도 치고 해외 봉사활동도 가는 등 다양한 노력을 기울이고 있습니다.
>
> 이때 빅데이터 분야에 한정해서 어떤 것들이 그 사람의 스펙으로 자리 잡을 수 있는지에 대해서도 고민해 볼 필요가 있습니다. 당연히 스펙 하나만을 바라보고 맹신하는 것은 좋지 않은 문화입니다. 하지만 그 사람의 특징을 설명해 줄 수 있는 중요한 지표라는 점을 고려할 때 스펙이라는 것을 꼭 부정적인 존재로만 치부할 수는 없습니다.

보통 빅데이터나 인공지능 관련 전문가들에게는 그 사람이 어느 학교 출신이며 최종 학력이 무엇인지(석사, 박사 등), 학과 전공은 무엇이었으며, 전공 관련 경험에는 어떤 것이 있는지를 살펴봅니다. 대부분이 학력과 연관된 스펙들이라고 볼 수 있습니다. 이때 캐글과 같은 유명 플랫폼에서의 수상 실적은 크게 인정받는 스펙이 될 수 있습니다. 다른 요소들과는 달리 경진대회 수상 실적은 순수한 빅데이터, 인공지능 전문 역량이 뒷받침되지 않으면 달성하는 것이 불가능하기 때문입니다. 흔히 스펙이라고 부르는 수많은 요소들 중에서 우리가 어떤 점에 집중해야 할지도 많은 생각이 필요한 부분 중 하나입니다.

2-3-3 ▶ 실제 활용 사례 알아보기

실제 현업에서 데이터를 만지고 분석하는 사람들은 보통 공통적인 고민을 하나 가지고 있습니다. 바로 가지고 있는 데이터를 어떤 식으로 활용하는 것이 좋을지에 대한 내용입니다. 그만큼 데이터 분석 방법론을 이해하고 체득하는 것과는 별개로 실제 데이터를 어떤 식으로 활용할지에 대한 고민은 늘 어렵기 마련입니다. 우리가 가진 데이터를 더 가치 있게 활용하고 싶다는 욕심은 이 세상에 데이터를 다루는 사람 모두가 가진 욕심이라고 해도 과언이 아닙니다. 게다가 이러한 종류의 고민은 혼자 생각을 많이 해 본다고 할지라도 해결되지 않을 확률이 높기도 합니다.

[그림 2-2-9]

이런 상황에서 큰 도움이 될 수 있는 것이 바로 실제 데이터 활용 사례를 꾸준히 체크해 나가는 것입니다. 흔히 말하는 벤치마킹과도 유사한 개념이라고 이해해 볼 수 있습니다. 이때는 다양한 사례를 모두 이해하는 것이 도움이 될 수 있습니다. 유사한 목적을 가지고 데이터 분석을 진행한 사례를 참고하는 것도 좋으며, 유사한 데이터를 가지고 어떻게 다양한 분석을 진행했는지에 대한 사례를 참고하는 것도 좋습니다. 한 가지 분명한 점은 이러한 사례를 다양하게 확인해 나가면서 데이터를 보는 시야 그 자체를 넓게 가져갈 수 있다는 점입니다. 혼자라면 생각하지 못했을 다양한 활용 사례를 접하면서 그 내용을 자연스레 본인의 환경에서 어떻게 적용할 수 있을지를 생각한다면 분명 데이터를 바라보는 시각이 자연스럽게 넓어질 수밖에 없습니다.

이렇게 다양한 데이터의 실제 활용 사례를 살펴보는 방법은 여러 가지가 있을 수 있습니다. 앞서 말한 데이터 경진대회 플랫폼에 올라와 있는 각 기업의 데이터 니즈를 파악해도 좋으며, 검색을 통해 데이터 분석 사례를 여러 가지 익혀 두는 것도 좋습니다. 경우에 따라서는 매거진이나 전문 리포트 내에서 해당 사례를 많이 소개해 주기도 합니다. 간단한 사례로, 우리나라에서는 공공데이터를 개방해 놓고 활용을 장려하고 있습니다. 그에 따라 다양한 공공데이터 활용 경진대회를 개최하고 있으며 인터넷상에서 쉽게 그 대회의 결과를 확인할 수 있습니다. 공공데이터라는 공통된 데이터 하나로 사람들이 어떤 다양한 아이디어를 접목시키고 있는지 살펴보는 것도 또 하나의 흥미로운 학습입니다.

> **생각해 볼 거리**

경쟁사에서는 하는데 우리 회사는 왜 못하는 거야?라는 말은 직종에 관계없이 회사를 다니는 사람이라면 누구나 많이 들어 봤을 법한 말입니다. 이는 빅데이터 분야라 할지라도 크게 다르지 않습니다. 유수의 기업들은 데이터를 이용해 다양한 성과를 만들어 내곤 합니다. 슬픈 현실이지만 경쟁사의 혁신적인 업무 성과를 기분 좋게 받아들이는 사람은 찾아보기 힘듭니다.

일반적으로 같은 업종에 있는 회사라면 보유하고 있는 데이터도 비슷할 확률이 높습니다. 하지만 이 말이 곧 다른 회사에서 시행한 새로운 빅데이터 활용법이 같은 업종 내 모든 회사에서도 똑같이 적용 가능할 거라는 의미는 아닙니다. 컴퓨터 장치 등 데이터 활용을 위한 시스템이 모두 다를뿐더러, 유사한 데이터를 가지고 있다 하더라도 모든 데이터의 생김새는 실제로 전부 다르기 때문입니다. 예를 들어, 보유 데이터 중 결제 데이터가 없다면 아무리 데이터를 열심히 분석해도 사람들의 소비 생활을 파악할 수 없습니다.

이 때문에 빅데이터 활용 사례를 살펴보는 것과는 별개로 보유 데이터의 가능성을 정확히 파악할 줄 아는 능력도 중요합니다. 전자가 다양한 아이디어를 생성하는 데 도움을 준다면, 후자는 데이터 업무의 현실성을 파악하는 데 매우 중요한 요소입니다. 그렇기에 다양한 데이터 활용 사례를 알아갈 때 보유하고 있는 데이터의 특징이나 장점, 단점이 어떤 것인지를 명확히 인지하고 있다면 사례를 바라보는 시각이 더욱 넓어질 수 있습니다. 우리 데이터로 확대 적용 가능한 것과 그렇지 않은 것을 구분하는 것도 분명한 역량 중 하나입니다.

Chapter 3

빅데이터 활용하기

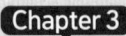

Chapter 3
빅데이터 활용하기

빅데이터 전문가에 대해 이해하거나, 빅데이터 그 자체를 학습하는 것은 모두 같은 목적을 지니고 있습니다. 바로 빅데이터 시대를 살아가고 있으므로 실제로 빅데이터를 활용한 다양한 시도를 해 보기 위해서입니다. 그리고 빅데이터는 어떤 목적을 가지고 분석을 진행하는지에 따라 여러 분류로 나누어 생각해 볼 수 있습니다. 이 장에서는 빅데이터 분석에는 어떤 종류가 존재하고 그 사례에는 무엇이 있는지 살펴보아 빅데이터 활용에 힌트가 되는 정보를 제공해 주고자 합니다.

3-1 빅데이터 분석의 종류

빅데이터 분석은 몇 가지 원칙을 기준으로 그 종류를 구분할 수 있습니다. 그리고 이 분석의 종류마다 실제로 적용하는 분석 방법론이나 활용 시나리오가 명확하게 달라지기도 하며 데이터 분석가에게 요구하는 역량이 분석마다 차이를 보이기도 합니다. 그래서 빅데이터 세계를 정확히 이해하기 위해 빅데이터 분석의 종류에 대한 이해는 반드시 선행되어야 합니다. 빅데이터 분석은 크게 서술적 분석, 예측적 분석, 처방적 분석으로 나누어 생각해 볼 수 있습니다.

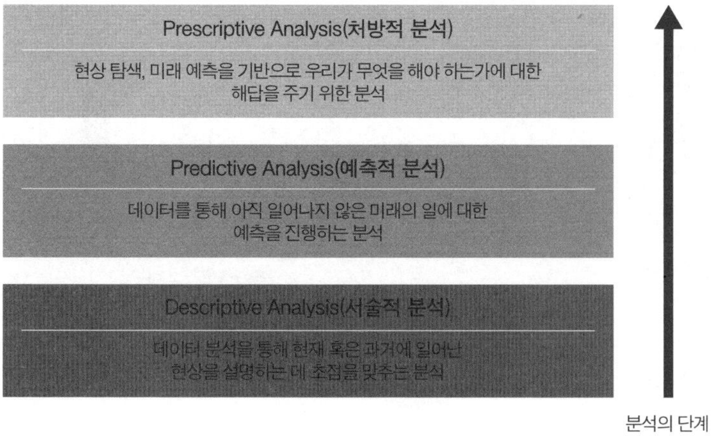

```
┌─────────────────────────────────────────┐
│     Prescriptive Analysis(처방적 분석)      │
│  현상 탐색, 미래 예측을 기반으로 우리가 무엇을 해야 하는가에 대한  │
│              해답을 주기 위한 분석              │
└─────────────────────────────────────────┘

┌─────────────────────────────────────────┐
│      Predictive Analysis(예측적 분석)       │
│    데이터를 통해 아직 일어나지 않은 미래의 일에 대한    │
│              예측을 진행하는 분석               │
└─────────────────────────────────────────┘

┌─────────────────────────────────────────┐
│     Descriptive Analysis(서술적 분석)       │
│     데이터 분석을 통해 현재 혹은 과거에 일어난       │
│         현상을 설명하는 데 초점을 맞추는 분석         │
└─────────────────────────────────────────┘
                                    분석의 단계
```

[그림 2-3-1] 빅데이터 분석의 3단계

3-1-1 ▶ 서술적 분석

빅데이터 분석의 종류를 나눌 때 가장 먼저 이야기되는 분석은 바로 서술적 분석입니다. 서술적 분석(Descriptive Analysis)은 데이터 분석을 통해 현재 혹은 과거에 일어난 현상을 설명하는 데 초점을 맞추는 분석입니다. 앞서 가장 많이 이야기한 데이터 속 숨겨진 인사이트나 패턴을 찾아내는 일이 바로 서술적 분석의 가장 큰 목적이라고 볼 수 있습니다. 빅데이터를 활용하는 방식은 다양하지만 서술적 분석이야말로 가장 전통적이면서도 근본적인 데이터 분석 분야라고 할 수 있습니다. 빅데이터 분야가 본격적으로 관심을 받게 된 것이 인공지능에의 활용이라는 점을 생각할 때 빅데이터 분야의 트렌드와 맞물리는 분석 분야라고 말할 수는 없습니다. 하지만 전통적이면서도 아직까지도 많이 활용되고 있는 중요한 데이터 활용 분야가 바로 서술적 분석이라고 할 수 있습니다.

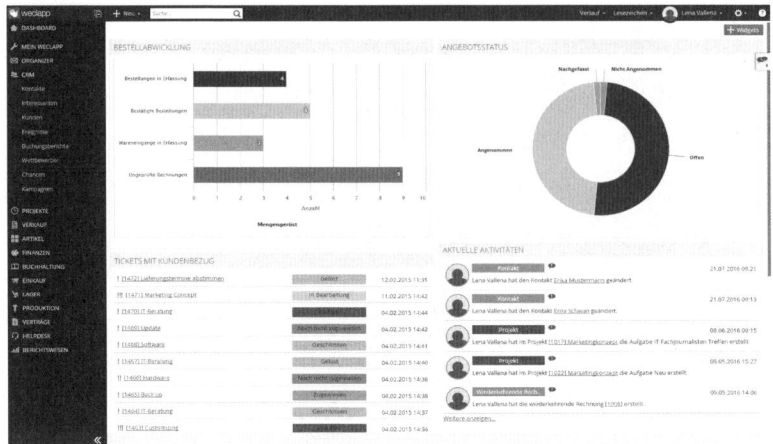

[그림 2-3-2] 대시보드를 통한 데이터 현황 시각화

서술적으로 데이터를 분석하기 위해 데이터 분석가들이 가장 많이 애용하는 것은 바로 데이터의 기초 통계량 산출과 데이터 시각화입니다. 데이터를 통해 현상을 설명하기 위해서는 데이터 그 자체의 현황을 가장 먼저 살펴보아야 하는데 기초 통계량 및 데이터 시각화는 이를 위해 가장 훌륭한 방법이기 때문입니다. 특정 학생 그룹의 시험 성적 평균을 살펴보아 이 그룹이 학습 수준이 높은 그룹이라는 것을 쉽게 파악할 수 있으며, 시험 성적 분포를 그래프 형식으로 나타내 해당 그룹의 높은 시험 성적은 하위권에 분포하는 학생들이 없기 때문이라는 해석을 내놓을 수도 있습니다.

데이터 기초 통계량을 구하고 시각화를 하는 것 외에 기본 통계 분석도 서술적인 데이터 분석을 위해 많이 이용되는 데이터 분석 방법 중 하나입니다. 데이터를 통해 특정 현상을 설명하기 위해서는 데이터에서 살펴본 수치가 단순히 우연에 의한 것은 아닌지, 그렇다면 이를 통계적으로도 유의미하다고 볼 수 있는지에 대해서 살펴보아야 합니다. 그리고 우리가 가지고 있는 데이터에서 보이는 성격이 전체 모집단에서도 동일하게 나타날 것이라고 말할 수 있게 도와주는 역할을 여러 기본 통계 분석 모델이 하고 있습니다.

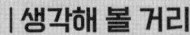| 생각해 볼 거리

> 데이터에서 숨겨진 패턴 및 인사이트를 찾는 것이 곧 서술적인 빅데이터 분석의 목적입니다. 그리고 이를 위해서는 데이터의 기초 통계량을 살펴보거나 데이터 시각화를 진행하고, 때로는 기본적인 통계 분석 모델을 적용하기도 합니다. 하지만 이런 방식과는 별개로 사람들은 서술적 분석을 위해 정형화된 분석 방법론을 찾고는 합니다. 아쉽게도 데이터 시각화, 통계 분석 모델 등은 도구로의 역할밖에 하지 못하기 때문입니다.
>
> 사실 잠시 뒤에 살펴볼 예측적 분석이나 처방적 분석은 그 분석 방법론이 명시적으로 정해져 있는 경우가 대부분입니다. 물론 그 안에서도 다양한 실험을 진행해야 하지만 몇 번의 경험만 있다면 예측적 분석과 처방적 분석을 실제로 진행하는 것 그 자체는 그렇게 어려운 일이 아닙니다. 하지만 서술적 분석은 이야기가 다릅니다. 아무래도 데이터 속 패턴이나 인사이트를 발견하는 데 정답이 있기에는 힘들기 때문에 데이터 분석가 입장에서는 정해진 틀 없이 데이터 속에서 다양한 노력을 진행해 보아야 합니다.
>
> 그래서 데이터 분석가에게 서술적 분석을 원할 때는 최소한 그 목적을 명확히 전달해 주는 것이 좋습니다. 단순히 데이터를 던져 주고 한 번 분석을 해 보고 결과를 알려 달라는 태도는 옳지 못합니다. 우리가 이 데이터를 어떤 관점에서 살펴보고 싶은지, 또 궁극적으로 관심이 있는 정보는 어떤 것인지 명확히 전달해 주어야 합니다. 이러한 사전 의사소통을 충분히 진행한 이후의 데이터 분석 결과와 그렇지 못한 데이터 분석 결과에는 많은 차이가 뒤따를 수밖에 없습니다.

3-1-2 ▶ 예측적 분석

다음으로 살펴볼 빅데이터 분석의 종류는 예측적 분석(Predictive Analysis)입니다. 예측적 분석은 데이터를 통해 아직 일어나지 않은 미래의 일에 대한 예측을 진행하는 분석 방식입니다. 이러한 예측적 분석은 머신러닝으로 대표되는 인공지능 알고리즘과도 가장 깊게 연관되어 있는 데이터 분석 종류입니다. 이메일의 스팸 여부, 특정 시점 이후의 주식 가격 예측, 특정 매장의 매출액 예측 등 예측적 분석은 정말 다양한 영역에서 활용되고 있는 데이터 분석 방법입니다.

[그림 2-3-3] 스팸 메일 자동 분류에도 사용되는 인공지능

아무래도 예측적 분석이라는 데이터 분석 방식이 인공지능 알고리즘을 주된 방법론으로 사용하고 있으므로 예측적 분석을 위해서는 머신러닝, 딥러닝 등 인공지능 알고리즘의 종류와 방법론에 대해 높은 이해도를 지니고 있어야 합니다. 여기서 빅데이터의 활용성을 증폭시켜 준 기폭제 역할을 한 것이 인공지능 기술이었음을 고려한다면, 예측적 분석은 데이터 분석의 여러 종류 안에서도 가장 흔하면서도 인기가 많은 분석이라고 볼 수 있습니다. 실제로 빅데이터 관련 업무를 담당하거나 공부를 하고 있는 사람들 중에서는 예측적 분석에 매력을 느껴 시작을 하게 된 경우를 가장 흔하게 찾아볼 수 있습니다.

이런 예측적 분석을 공부하기 위해서는 상대적으로 수학과 통계학에 대한 기반이 높게 쌓여 있어야 합니다. 예측적 분석의 핵심인 인공지능 알고리즘을 이해하는 것이 수학적 기반 없이는 불가능하기 때문입니다. 다만, 인공지능 알고리즘이나 그 방법론을 이해하기 위해서 전문가적인 수학 지식을 쌓을 필요는 없습니다. 세부 분야로 나누어 생각해 보았을 때, 인공지능을 위해 필요한 수학은 몇몇 개의 분야에 한정되어 있습니다. 흔히 말하는 문과 출신의 사람들은 예측적 분석을 공부하고자 할 때 늘 수학 때문에 망설임을 가집니다. 하지만 이러한 이유로 문과 출신의 사람도 수학에 대한 조금의 노력만 덧붙이면 예측적 분석을 진행하는 데 큰 애로사항을 느끼지 못할 것입니다.

> **| 생각해 볼 거리**

빅데이터를 통해서 예측적 분석을 진행할 때는 정해진 절차에 따라 개발된 알고리즘을 이용하여 기계적인 프로세스를 따르는 경우가 많습니다. 그렇다 보니 예측적인 데이터 분석을 통해 미래의 특정한 일을 예측한다고 할지라도 데이터 분석가 입장에서 그 결과에 대해 크게 해석을 할 여지가 없습니다. 만약 누가 예측적 분석의 결과를 보고 이 결과가 무엇을 의미하냐고 질문한다면 딱히 할 말이 없습니다. 그 결과 자체가 단순히 컴퓨터를 통해 진행한 연산의 산출물이기 때문입니다.

이러한 상황 속에서 설명 가능한 인공지능인 XAI(eXplainable Artificial Intelligence)가 최근 많은 주목을 받고 있습니다. XAI는 인공지능 모델을 통해 예측한 미래의 사실에 대해 추가적인 해석을 덧붙여 줍니다. 예를 들어, 내일의 특정 매장 매출액이 500만 원이라고 예측되었을 때 날씨, 요일, 인기 상품의 입고 등 어떠한 요인이 이런 결과를 예측하는 데 이용되었는지 설명해 주는 것이 XAI의 기본 개념입니다.

XAI는 인공지능을 통해 계산한 특정 예측 결과가 반드시 필요하기 때문에 분명 예측적 분석의 일부분입니다. 하지만 결과를 설명하고 그 속에서 예측에 주요한 영향을 미치는 요인, 패턴 등을 찾아내는 것이 궁극적인 목적이라는 점에서 서술적 분석의 성격을 지니고 있기도 합니다. XAI는 최근 빅데이터 및 인공지능 분야에서 가장 주목받는 주제라고 해도 과언이 아닙니다. 지금까지 빅데이터, 인공지능은 분석의 종류를 나누고 그 틀에서 많은 성장을 이뤄 왔습니다. 다만 이 지점에서, 앞으로는 그 종류를 넘나드는 분석 방법론이 주목받는 트렌드가 될 수 있음을 유추할 수 있습니다.

3-1-3 ▶ 처방적 분석

마지막으로 살펴볼 빅데이터 분석의 종류는 바로 처방적 분석입니다. 처방적 분석(Prescriptive Analysis)은 데이터에서 현상을 살펴보거나, 미래의 일을 예측하는 것을 넘어 결론적으로 우리는 무엇을 해야 하는가에 대한 해답을 주기 위한 데이터 분석 방법론입니다. 사실 데이터를 통해 현재 현상을 설명하거나 미래의 일을 예측하는 것은 그 자체로 완전한 분석이라고 볼 수 없습니다. 결국 우리가 해야 할 Action 측면에서의 고민이 여전히 남아 있기 때문입니다. 이 상황에서 처방적 분석은 데이터 분석 결과물의 대응법까지 데이터 분석을 통해 결론을 도출하고자 하는 노력의 일환이라고 볼 수 있습니다.

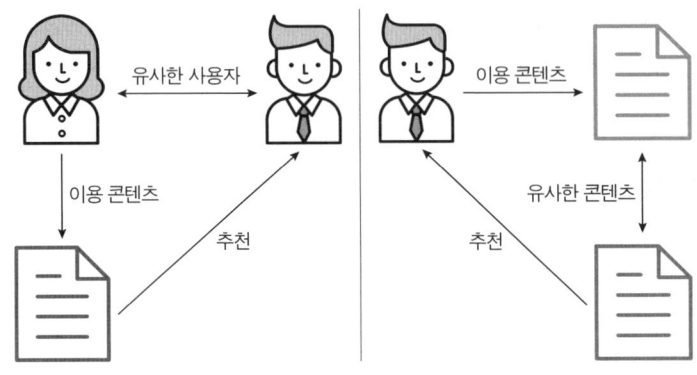

[그림 2-3-4] 추천 시스템 기본 원리

하지만 데이터 분석만으로 분석 결과에 따라 어떤 행동을 취하면 좋을지에 대해 명확한 정답을 내리는 것은 쉬운 일이 아닙니다. 한 번 생각을 해 보면 특정 행동에 대해 정당성을 부여해 줄 만큼 진취적인 데이터 분석을 할 수 있는 방법론이라는 것이 쉽게 떠오를 수 없습니다. 그래서 사실 처방적인 빅데이터 분석은 가장 바람직한 의미를 내포하고 있기는 하지만 실제 현업에서 가장 찾아보기 힘든 분석 종류 중 하나이기도 합니다. 실제로 빅데이터를 통해 처방까지 진행한다는 일이 너무나도 어렵기 때문입니다.

이때, 추천 시스템(Recommender System)이라는 기술이 등장하게 됩니다. 추천 시스템은 사용자가 이용하지 않은 상품이나 서비스 중 이용 가능성이 높은 것을 추려 사용자에게 다시 추천을 하는 모델을 의미합니다. 실제로 OTT 서비스에서 아직 보지 않은 영상이 추천에 올라오거나, 음악 스트리밍 사이트에서 함께 들어 보면 좋은 노래가 추천되는 경우를 많이 보았을 겁니다. 추천 시스템은 보통 사용자의 특성 정보와, 특정 상품에 대한 이용 정보를 종합하여 추천 알고리즘을 생성합니다. 여기서 추천이라는 행위는 데이터 분석의 내용을 기반으로 하는 처방과도 그 맥락이 일치합니다. 그렇기 때문에 추천 시스템은 처방적 분석에 있어 매우 중요한 역할을 하고 있으며 사실상 처방적 분석의 모든 내용이 추천 시스템이라고 보아도 무방합니다.

> **| 생각해 볼 거리**
>
> 해석하는 사람에 따라 다소 차이를 보이기는 하지만 보통 서술적 분석, 예측적 분석, 처방적 분석은 피라미드 구조로 해석되는 경우도 있으며 분석의 단계로 해석되는 경우도 있습니다. 사실 피라미드 구조이든 단계의 개념이든 중요한 사실은 서술적 분석보단 예측적 분석이, 예측적 분석보단 처방적 분석이 더 우수한 분석이라는 뉘앙스를 준다는 점입니다. 경우에 따라서는 다음 단계에 나오는 분석을 위해 앞선 단계의 분석이 선행되어야 한다는 느낌을 주기도 합니다.
>
> 실제로 서술적 분석, 예측적 분석, 처방적 분석의 정의를 살펴보면 이렇게 해석을 하는 것이 마냥 틀린 말은 아닙니다. 현재의 사건에 대한 정확한 서술, 미래에 대한 예측, 현재와 미래 예측을 바탕으로 한 대응책 마련이라는 것이 하나의 프로세스로 인식될 수 있기 때문입니다. 하지만 실제 빅데이터 업무가 이루어지는 것을 살펴보면 이 3가지 분석이 서로 간에 선행, 후행의 연관성이 있는 관계는 아닙니다. 심지어 분석에 필요한 각 알고리즘을 살펴보았을 때, 특정 분석이 다른 분석에 비해 우수하거나 발전된 분석이라고 보기에도 한계가 있습니다.
>
> 즉, 이 3가지 분석은 굳이 따지자면 서로 완전히 독립적인 분석 관계라고 보는 게 맞습니다. 물론 이상적으로 생각했을 때, 서술적 분석을 통해 현상을 파악하고 예측적 분석을 통해 미래 사실을 짐작하며 처방적 분석으로 분석의 마무리를 짓는 것이 가장 이상적이기는 합니다. 하지만 현실적으로 3가지 분석 중 하나의 분석만 제대로 시행하는 것도 매우 많은 노력이 들어가게 됩니다. 결국 3가지 분석 중 우리에게 가장 필요한 분석이 무엇인지를 판단하는 것이 데이터 전략을 세우는 관점에서 더 중요한 작업이라고 볼 수 있습니다.

3-2 인사이트 활용

인사이트를 도출하기 위한 빅데이터 활용은 앞서 말한 데이터 분석의 종류 중 서술적 분석과 가장 직접적으로 연관된 분석입니다. 실제로 인사이트를 생성해 내기 위해 사람들이 데이터를 어떻게 활용했는지를 살펴본다면, 서술적 분석의 전반적인 프로세스와 목적 등에 대해 높은 이해도를 지닐 수 있습니다.

3-2-1 ▶ 인사이트 활용 사례: 월마트

인사이트를 찾아내기 위한 데이터 분석은 빅데이터 시대의 시작점이라고 할 수 있습니다. 그렇기에 과거부터 현재까지 빅데이터를 통해 새로운 인사이트를 찾아내는 노력이 지속적으로 이루어지고 있습니다. 그리고 그중 가장 대표적인 사례를 하나 뽑으라면 바로 월마트의 기저귀와 맥주 사례입니다. 무려 1990년대 중반부터 월마트는 고객의 결제 내역 데이터를 살펴보기 시작하였으며 그 결과 기저귀와 맥주라는 빅데이터 분야에 있어서 기념비적인 분석 결과를 만들게 됩니다.

[그림 2-3-5]

월마트의 기저귀와 맥주 사례는 한 점원이 고객들의 구매 내역을 상세하게 살펴보며 시작합니다. 그런데 데이터를 살펴보니 한 가지 특이한 현상이 눈에 띄었습니다. 바로 기저귀와 맥주를 함께 구매하는 경우가 생각보다 굉장히 흔하다는 점이었습니다. 언뜻 생각하면 잘 이해가 되지 않는 현상입니다. 기저귀의 경우 아기들이 사용하는 대표적인 제품인데 반대로 맥주는 성인들이 즐겨 찾는 대표적인 제품이기 때문입니다. 이렇게 기저귀와 맥주의 성격이 다르기 때문에 이러한 현상은 데이터를 직접 살펴보기 전에는 예상하기 힘든 것이 사실이었습니다. 그래서 월마트 점원은 왜 기저귀와 맥주가 함께 팔리는 경우가 잦은 것인지 추가적으로 알아보게 됩니다.

그 이유를 살펴본 결과 기저귀와 맥주에는 커다란 공통점이 하나 있었습니다. 바로 아빠라는 구매자를 공통적으로 가지고 있다는 것입니다. 아기 아빠들이 대체적으로 맥주를 좋아한다는 것은 누구나 인정하기 쉬운 사실입니다. 여기에 더해 기저귀는 아기들이 사용하는 제품이지만 그렇다고 아기가 기저귀를 직접 구매하지는 않습니다. 그래서 잠시 구매를 위해 외출을 하거나 퇴근길인 아기의 아버지들이 기저귀를 사러 마트에 들를 때, 마트에 들른 김에 맥주를 구매하는 일이 빈번했던 것입니다. 그리고 월마트의 기저귀, 맥주 사례는 워낙 그 분석 결과가 신선해 지금까지도 장바구니 분석과 인사이트 분석의 대표적인 사례로 언급되고 있습니다.

고객들의 구매 상품 목록에서 특별한 인사이트를 찾은 월마트의 이러한 사례가 꼭 월마트에만 한정되리라는 법은 없습니다. 생각해 보면 월마트가 아닐지라도 고객의 구매 상품 목록을 데이터로 볼 수 있는 모든 기업에서 유사한 분석을 활용해 인사이트를 도출하는 것이 가능합니다. 대형마트, 식품, 화장품, 의류, 온라인 쇼핑몰 등 실제 고객의 구매가 일어나는 곳을 말하다 보면 끝도 없이 그 리스트가 늘어날 수 있습니다. 그리고 이러한 월마트의 사례가 고객의 구매가 일어나는 모든 곳에서 빅데이터의 중요성을 강조하게 된 하나의 중요한 사건임도 분명한 사실입니다.

실제로 월마트처럼 고객의 구매 물품을 분석하여 인사이트를 도출하고자 하는 분석을 빅데이터 분야에서는 연관성 분석(Association Rule Analysis)이라고 합니다. 이는 고객의 장바구니를 세세하게 탐색해 분석을 진행한다는 의미에서 장바구니 분석(Market Basket Analysis)이라고도 불립니다. 장바구니 분석을 진행하다 보면 물품 간의 상호 관계를 수식화하고 수치를 산출하여 다양한 인사이트를 얻곤 합니다. 맥주와 기저귀의 사례처럼 A 물품을 구매한 고객이 B 물품을 구매할 확률, 전체 고객이 A라는 물품을 구매할 확률, A 물품을 구매한 고객이 순차적으로 B 물품을 구매할 확률과 B 물품을 구매한 고객이 이후 A 물품을 구매할 확률 등 다양한 개념이 이 분석에서 활용이 됩니다.

다만 이러한 장바구니 분석을 포함하여 인사이트 분석을 진행하고자 할 때는 하나의 중요한 원칙이 있습니다. 바로 데이터를 분석하며 숫자 연산에 그치지 않고 그 이상 의사결정에까지 영향을 미치는 분석 결과가 좋은 데이터 분석 결과가 된다는 점입니다. 맥주와 기저귀를 동시에 구매하는 고객이 많다는 사실 자체만을 도출하는 것은 절대 좋은 데이터 분석이 아닙니다. 여기에 추가적인 인사이트를 곁들여 이러한 현상이 '아빠'라는 존재 때문에 나온 것임을 파악할 수 있어야 합니다. 또한 맥주와 기저귀를 동시에 마트에서 구매하는 아빠들을 위해 어떤 비즈니스 활동을 추가적으로 진행하면 좋을지의 영역까지 데이터 분석 결과가 영향을 미칠 수 있다면, 이는 분명 어느 분석가나 꿈꾸는 최고의 분석 결과물이라고 할 수 있습니다.

> **| 생각해 볼 거리**
>
> 월마트의 기저귀와 맥주 사례는 분명 데이터를 분석하지 않았다면 쉽사리 얻기 힘든 인사이트를 제공해 주었습니다. 그리고 월마트는 이러한 인사이트를 바탕으로 매장 내 상품 배치를 변경했다고 합니다. 아기를 가진 아버지들이 기저귀를 사러 올 때 맥주를 함께 살 의향이 높은 것을 알았으므로 기저귀와 맥주를 바로 옆 진열대에 전시해 둔 것입니다. 맥주 구매 유도는 물론 고객의 편의성을 생각했을 때, 데이터 분석을 기반으로 훌륭한 전략을 세웠다고 볼 수 있습니다.
>
> 하지만 최근 혹자들은 기저귀와 맥주를 동시에 구매하는 경향이 있다는 걸 알았을 때 월마트와 같은 행동을 취하는 것이 옳은 것인가에 대해 의문을 제시하곤 합니다. 보통 월마트와 같은 매장에서는 고객이 최대한 매장 내에 오랜 시간 머물도록 진열 설계를 하고 그로 인해 조금이라도 판매량을 상승시키고자 합니다. 그렇기에 고객이 기저귀와 맥주를 동시에 구매하는 경향이 강하다면 오히려 맥주 판매 진열대와 기저귀 판매 진열대를 떨어뜨려 기저귀를 사러 온 고객들로 하여금 더욱 오랜 시간을 매장 내에 머물도록 유도할 수 있기 때문입니다.
>
> 이렇게 설왕설래가 많은 월마트의 기저귀와 맥주 사례는 결론적으로 어떤 판단이 옳았다고 증명이 되지는 않았습니다. 다만 여기서 데이터 분석 및 발굴된 인사이트

를 통해 우리가 어떤 행동을 취하는 것이 좋을지 역시 매우 중요한 문제라는 점을 상기할 수 있습니다. 데이터 분석을 통해 인사이트를 발굴한다면 인사이트를 발굴한 것 자체로 그 즉시 모든 것을 멈추면 안 됩니다. 해당 인사이트를 비즈니스 전략으로 활용하기 위해 어떤 측면을 고려하면 좋은지에 대한 고민까지 추가가 되어야 완벽한 일련의 데이터 분석이라고 할 수 있습니다.

3-2-2 ▶ 인사이트 활용 사례: 코로나 바이러스 감염 지도

2020년을 돌이켜 볼 때 우리나라를 포함해 전 세계적으로 가장 커다란 사건은 단연코 코로나 바이러스의 유행이 시작된 것입니다. 코로나 바이러스 발생 초기 모든 나라는 다양한 방법을 동원해서 더 이상 코로나 바이러스가 퍼지지 않도록 노력을 기울였습니다. 이런 노력에도 불구하고, 결과적으로 보았을 때 코로나 바이러스는 몇 년째 사라지지 않고 오히려 엄청나게 많은 확진자 및 사망자를 발생시켰습니다. 그리고 시간이 지나 사회적, 경제적인 이유 때문에 각 나라의 방역 정책은 코로나 바이러스 발생 초기와는 다소 다른 모습을 취하게 되었습니다. 하지만 코로나 바이러스의 발생 초기 모습을 돌이켜 보면 모든 확진자의 동선을 파악하고, 해당 공간에는 접근을 제한하거나 즉각 방역 작업을 진행하는 노력을 기울인 것이 사실입니다.

그리고 이러한 노력의 일환으로 코로나 맵이 등장하였습니다. 코로나 맵은 2020년 초 코로나 바이러스 발생 초기 당시 한 대학생이 개발을 했습니다. 코로나 맵이 사람들에게 제공하는 서비스는 간단합니다. 바로 코로나 바이러스 확진자들이 이동한 동선을 확보하여 한눈에 확인할 수 있도록 확진자들이 다녀간 공간을 지도 위에 표시해 주는 것입니다. 분명 코로나 바이러스 발생 초기 코로나 맵은 큰 역할을 했습니다. 나도 감염되지는 않을까 하는 불안감을 가지고 있는 사람들에게 방역을 위해 안전한 곳을 살펴볼 수 있게 해 주는 역할을 톡톡히 해냈기 때문입니다.

만약 데이터라는 개념이 지금처럼 발전하지 않았다면 이러한 코로나 맵이 탄생하기 힘들었을 것이 분명합니다. 정부 및 유관 기업들이 보유하고 있는 데이터를 잘 제공해 주었고, 위치 이력 데이터라는 데이터 셋을 기반으로 코로나 맵이 탄생된 것이기 때문입니다. 앞선 장에서 언급하였듯 데이터 시각화는 데이터 현황을 쉽게 이해하게 해 주는 역할을 합니다. 그리고 데이터에 대한 명확한 이해 그 자체로 우리는 데이터 속에서 패턴이나 인사이트를 발견할 수 있습니다. 코로나 확진자들의 동선을 파악하여 지도 위에 나타낸 코로나 맵은 이러한 데이터 시각화의 대표적인 예라고 볼 수 있습니다.

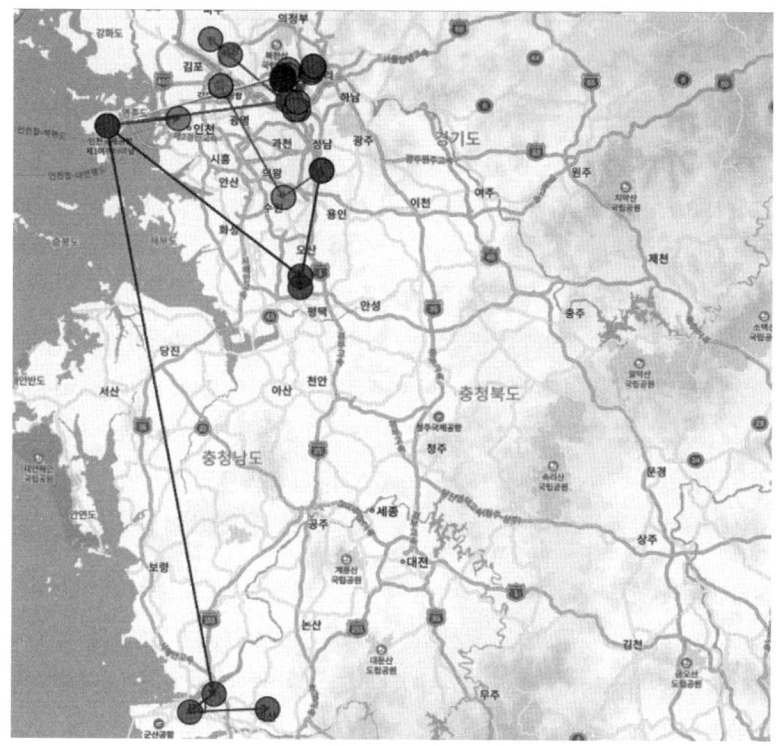

[그림 2-3-6] 실제 코로나 맵의 모습

실제로, 코로나 맵을 포함하여 시각화를 통해 높은 활용성을 제공해 주는 경우는 생각보다 우리 곁에서 흔히 볼 수 있습니다. 등고선, 지도 제작 등 전통적인 시각화 결과물을 만드는 것에서부터 시작해서 최근에는 열 화상 센서로부터 감지된 데이터를 뜨거운 곳은 빨간색, 차가운 곳은 파란색으로 표시해 주는 시스템을 손쉽게 주변에서 찾아볼 수 있습니다. 단순 숫자의 나열이라면 쉽게 무시되었을 데이터가 시각화라는 도구를 통해 우리 삶에 소중한 정보로 변하고 있습니다.

> **생각해 볼 거리**
>
> 서술적으로 데이터를 분석하는 데이터 분석가들의 공통된 목표는 데이터를 통해 새로운 인사이트를 확보하는 일입니다. 하지만 아쉽게도 인사이트라는 것은 명확하게 정의되지 않습니다. 때로는 정말 유용하게 활용될 수도 있는 정보가 어떤 경우에는 일말의 활용 가치가 없는 모습으로 변하기도 합니다. 이때 같은 정보를 제공한다 할지라도 전자의 경우에는 인사이트라고 부를 수 있으며 후자의 경우에는 그렇지 못합니다.
>
> 여기서 곰곰이 생각해 보면 데이터 시각화라는 것은 꼭 데이터 속 인사이트 도출을 위해서만 존재하는 것이 아닙니다. 모든 데이터를 눈으로 일일이 읽을 수 없으니 이를 간단하게 표현하기 위한 목적을 가지는 경우가 대부분입니다. 하지만 코로나 맵 사례에서도 알 수 있듯 시각화 그 자체를 진행한 것만으로도 충분히 인사이트를 제공할 수 있습니다. 코로나 확진자가 어떤 지역을 방문했는지는 그 당시 우리 모두가 알고 싶어 하던 너무나 소중한 정보였기 때문입니다. 사람들의 동선을 시각화해 주는 서비스도 마찬가지입니다. 만약, 코로나 확진자에 대한 위치 이력이 아닌 일반 시민에 대한 위치 이력을 이런 방식으로 시각화한다면 오히려 개인정보 이슈로 인해 해당 지도는 많은 빈축을 살 것이 분명합니다.
>
> 이렇게 시각화 하나로 우리에게 큰 정보를 가져다준 코로나 맵 사례를 생각하면 빅데이터 분석을 하기에 앞서 전체 분석의 목적을 미리 설정하는 것이 얼마나 중요한지 체감할 수 있습니다. 결국 우리에게 인사이트를 제공하는 소중한 정보들은 기술적으로 어려운 데이터 분석 결과가 아니라 필요한 데이터를 목적에 맞게 활용한 결과일 수밖에 없습니다.

3-3 미래 예측

미래 예측을 위한 빅데이터 활용은 데이터 분석의 3가지 종류 중 예측적 분석에 해당하는 내용입니다. 많은 사람들이 미래를 예측하기 위해 데이터를 활용한다 그러면 이를 긍정적으로 바라보지만, 실제로 어떤 사례가 있는지에 대해서는 잘 알지 못합니다. 실제로 미래 예측을 위해 데이터가 사용된 내용을 파악하고 이해한다면, 더욱 넓은 시각으로 빅데이터 시대를 바라볼 수 있습니다.

3-3-1 ▶ 미래 예측 활용 사례: 미국 대선 승자 예측

전통적으로 선거는 데이터가 가장 많이 활용되는 분야 중 하나입니다. 여론조사 및 유력 당선인 추정이라는 이름으로 다양한 설문을 진행하고 그 결과로 선거에서 어떤 후보자가 이길지 예상을 하곤 합니다. 이러한 방식의 분석은 분명한 데이터 활용입니다. 하지만 이렇게 데이터를 활용할 때는 빅데이터라고 부르는 수준의 데이터를 확보하기에는 한계가 따르는 것이 현실입니다. 확보 가능한 데이터 수에 한계가 있는 설문조사 데이터를 사용하는 것이 그 근간에 자리하고 있기 때문입니다. 하지만 상대적으로 최근의 선거를 살펴보면 설문 결과 분석에만 데이터의 역할을 국한시키지 않습니다. 바로 2016년 빅데이터를 통해 미국 대통령 선거 결과를 예측한 사례가 등장했기 때문입니다.

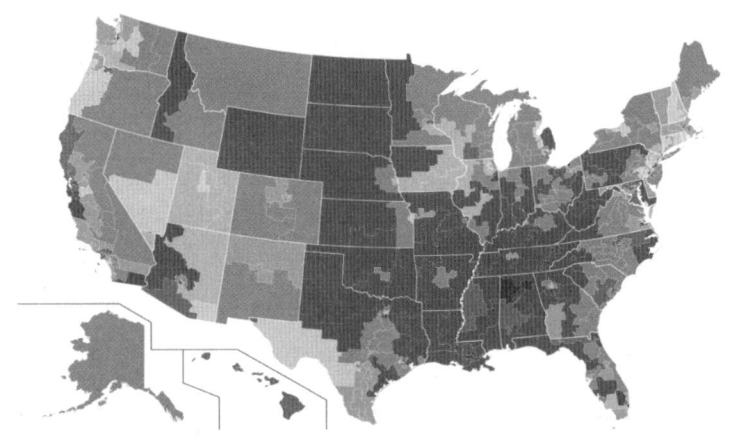

[그림 2-3-7] 2016년 미국 대통령 선거 후보 지지도

2016년 미국 대통령 선거는 힐러리 클린턴 후보와 도널드 트럼프 당시 후보의 경쟁 구도였습니다. 그리고 당시 대다수의 여론조사 기관은 힐러리 클린턴 후보의 최종 승리를 예상했습니다. 여론조사를 통해 약 1,000명의 의견을 조사했을 때 힐러리

클린턴 후보의 선호도가 더 높았기 때문입니다. 하지만 공교롭게도 실제 선거 결과를 살펴보았을 때 승리는 도널드 트럼프 후보자에게 돌아갔습니다. 이때 워낙 많은 여론조사 기관들이 힐러리 클린턴 후보의 승리를 예상하였기에 해당 결과는 상당히 충격적이었습니다. 하지만 충격적이라고 표현할 수 있는 이런 결과를 사전에 예측한 존재가 있습니다. 바로 빅데이터입니다.

실제로 그 당시 여론조사 기반의 선호도가 아니라 인터넷에 검색되는 빈도를 따져 보면 도널드 트럼프 당시 후보자의 숫자가 더 높았다고 합니다. 물론 인터넷에 검색을 한다는 것이 반드시 해당 후보자에 대한 지지를 뜻하는 것은 아니지만 선호하는 후보의 이름을 인터넷에 더 많이 검색해 보는 것이 분명 일반적인 일입니다. 결론적으로 이야기하자면, 당시 여론조사 기관이 조사한 1,000명의 데이터에는 표본 숫자라는 한계가 있었고 이를 빅데이터를 통해 보완하여 새로운 미래의 사실을 예측할 수 있게 되었습니다. 이 부분에서 Part Ⅰ의 1장에서 이야기했던 스몰데이터에 대비되는 빅데이터의 장점을 한 번 더 체감할 수도 있습니다.

생각해 볼 거리

보통 예측적 분석을 진행할 때 머신러닝 기술이 활용되지 않는 경우는 없다고 봐도 과언이 아닙니다. 그런 점에서 빅데이터를 통한 2016년 선거 예측을 다시 살펴보면 상대적으로 특이한 경우라고 볼 수 있습니다. 이때에는 선거 결과를 예측하기 위해 특별한 머신러닝 기술을 사용하지 않았습니다. 그럼에도 불구하고 분명 빅데이터를 통해 예측한 결과는 정확했습니다. 이 현상은 크게 두 가지 관점에서 바라볼 수 있습니다.

첫 번째는 선거 결과를 머신러닝을 통해 학습하기에는 그 데이터가 너무 적어서 현실적으로 불가능할 수 있습니다. 머신러닝에는 대용량의 데이터가 필수입니다. 아무리 양보한다고 할지라도 최소한 수백 개의 데이터는 있어야 합니다. 하지만 미국 대통령 선거가 수백 번 진행되지는 않았습니다. 따라서 데이터가 부족해 애초에 머신러닝을 통해 선거 결과를 예측하는 것이 불가능하다고 볼 수 있습니다. 두 번째는 머신러닝 기술이 없어도 선거 결과를 예측할 수 있게 한 인터넷 검색량이라는 너무나도 정확한 정보가 있었다는 점입니다. 인기가 많은 후보자는 검색이 많이 될 것이고 자연스레 선거에 당선될 확률도 큽니다. 결국 인터넷 검색량과 선거 결과 사이에는 높은 상관성이 성립하고 있다고 볼 수 있습니다.

결국 두 번째 측면의 핵심은 '굳이 머신러닝 기술을 사용하지 않아도 되었다'라고 해석할 수 있습니다. 여기서 코로나 맵에서의 생각해 볼 거리와 유사한 고민을 해 볼 필요가 있습니다. 머신러닝을 통해 데이터를 분석하면 분명 그 결과는 화려해 보일 수 있습니다. 하지만 일반적으로 머신러닝 기술은 수행에 많은 시간과 컴퓨터 자원을 필요로 합니다. 기술의 화려함에 휘둘려 본질을 놓치지 않는 자세를 다시 한번 떠올릴 필요가 있습니다.

3-3-2 ▶ 미래 예측 활용 사례: 마켓컬리

마켓컬리는 2015년 신선식품 판매 및 배송 서비스를 제공하기 시작한 업체이며 지금까지 가파른 상승세를 통해 성장하고 있습니다. 그리고 마켓컬리의 사업 성공 원인을 이야기할 때 샛별배송 서비스를 빼놓을 수 없습니다. 샛별배송은 마켓컬리의 새벽배송 서비스이며 그 전날 저녁까지 신선식품 주문을 하면 다음날 새벽까지 배송을 완료해 주는 정말 파격적인 서비스였습니다. 다른 품목도 아니고 신선식품을 그런 속도로 배송받을 수 있다는 것은 소비자 입장에서 엄청난 매력임이 분명합니다.

[그림 2-3-8]

그런데 고객이 특정 상품을 주문하고 해당 주문을 확인한 뒤에 상품 배송을 시작한다면 이렇게 빠른 속도로 배송을 한다는 것은 사실상 불가능한 일이라고 합니다. 이렇게 불가능한 일을 현실에서 이루기 위해 마켓컬리는 빅데이터와 인공지능을 활용했습니다. 바로 빅데이터 및 인공지능을 통해 지역별, 상품별 주문 수량을 사전에 예측하고 수량에 맞게끔 해당 지역과 가까운 물류센터에 미리 상품을 적정 수량 비치해 두는 것입니다. 상대적으로 배송지와 가까운 곳에 상품이 미리 비치되었기 때문에 고객 집 앞까지 배송을 위해 필요한 거리 및 시간을 혁신적으로 줄일 수 있었습니다. 마켓컬리는 회사의 특별한 데이터, 머신러닝 시스템인 데멍이(데이터 물어다 주는 멍멍이) 및 무당이(예측하는 무당이)를 개발해 이를 진행했음을 발표하고 있습니다.

신선식품 구매에 영향을 미치는 요인은 정말 다양하게 존재합니다. 기온, 강수량 등 날씨에 따라 식품이 먹고 싶을 수도 있고 제철인 과일이 있다면 해당 계절에 그 과일을 많이 먹고 싶을 수도 있습니다. 이렇게 다양한 요인을 사람이 직접 계산하여 정확한 주문 수량을 뽑아내는 것은 당연히 불가능합니다. 하지만 인공지능에게 이 일은 그리 어렵지 않은 일입니다. 빅데이터가 존재하기 때문입니다. 이미 너무도 많은 시간 동안 여러 요인과 실제 주문 수량에 대한 패턴이 데이터의 형식으로 저장되어 있기 때문에 기계를 통해 이를 학습한다면 문제를 간단하게 해결할 수 있습니다.

> 💡 **| 생각해 볼 거리**
>
> 월마트의 기저귀, 맥주 사례를 보면 알 수 있듯 실제로 빅데이터를 통해 분석 결과를 산출한다 할지라도 이를 어떻게 활용할 수 있을지는 또 다른 고민의 영역입니다. 이러한 이유로 빅데이터와 인공지능 발전에 비관적인 사람들이 더러 존재하기도 합니다. 아무리 빅데이터를 통해 다양한 분석 결과를 내놓더라도 그 결과를 유용하게 우리가 사용할 수 있을지 아닐지에 대해서는 의문 부호가 따르기 때문입니다.
>
> 하지만 마켓컬리는 빅데이터와 머신러닝 시스템을 통해 이전에는 존재하지 않던 아예 새로운 서비스를 선보였습니다. 이는 단순히 스타트업 기업이 선보이는 새로운 서비스 개념을 넘어 산업 전체에 많은 영향을 미쳤습니다. 실제로 이제는 다양한

물류업체들이 신속한 배송 속도에 초점을 맞추고 서비스를 제공하는 것을 확인할 수 있습니다. 이를 바꿔서 말하면 빅데이터 분석과 인공지능 활용으로 시작한 작은 불씨가 새로운 사업의 출시, 새로운 기업의 성장을 넘어 산업 전체에 영향을 미친 현상이라고 해석할 수 있습니다.

빅데이터 분석을 하다 보면 정말 많은 실패를 마주하게 됩니다. 그래서 때때로 빅데이터 분석 자체에 많은 의미가 없는 것이라고 느낄 수도 있습니다. 하지만 마켓컬리의 사례와 같이 빅데이터는 엄청난 파란을 불러오기도 합니다. 이것이 바로 빅데이터 및 인공지능을 우리가 기어코 이해하고 활용해야 하는 이유가 될 수 있습니다. 빅데이터와 인공지능을 통해 새로운 서비스 및 사업을 발굴했다는 것의 의미를 다시 한번 상기시켜야 할 필요가 있습니다.

3-4 추천 시스템

추천 시스템을 위한 빅데이터 활용은 앞서 말한 데이터 분석의 종류 중 처방적 분석과 가장 높은 연관성을 지니는 내용입니다. 추천 시스템은 우리 삶에 가장 많이 녹아 있는 빅데이터 분석 결과물이기도 합니다. 결국, 추천 시스템의 실제 사례를 이해하는 것은 가장 쉽게 빅데이터가 적용되는 사례를 이해하는 것이기도 합니다.

3-4-1 ▶ 추천 시스템 활용 사례: 넷플릭스

넷플릭스는 전 세계에서 추천 시스템을 가장 활발하게 활용하고 동시에 가장 선진적인 추천 시스템 알고리즘을 보유하고 있는 기업입니다. 이제는 넷플릭스를 포함해 유튜브, 디즈니플러스 등 OTT 기업이 추천 시스템을 활용한다는 것은 너무도 잘 알려진 사실이며 실제로 일반 소비자 입장에서 추천 시스템을 생활 속 가장 밀접하게 체감할 수 있는 부분이 바로 OTT 서비스이기도 합니다. 한 가지 놀라운 점은 넷플릭스는 추천 시스템의 가치를 알아보고 무려 약 15년 전부터 추천 시스템에 관심을 가지고 개발 노력을 기울이기 시작했습니다.

넷플릭스는 웹사이트를 통해 공식적으로 추천 시스템에 어떤 요소들을 사용하고 있는지 공개하고 있습니다(https://help.netflix.com/ko/node/100639). 이를 살펴보면 넷플릭스는 고객의 콘텐츠 시청 기록, 콘텐츠 평가 기록은 물론이며 시청 시간대와 사용 디바이스 정보, 장르나 배우 등 콘텐츠에 대한 세부 정보까지 활용하여 종합적으로 추천 시스템을 관리하고 있습니다. 이렇게 다양한 데이터를 활용해서 고객이 선호할 것 같은 콘텐츠를 추천하거나 유사한 선호를 지니고 있는 다른 고객이 시청한 콘텐츠를 최종적으로 선별하고 있습니다. 실제로 넷플릭스에서 고객들이 시청하는 콘텐츠 중 약 2/3가 추천 시스템에 의해 발생한 것이라고 합니다.

[그림 2-3-9] Netflix Prize 대회 실제 결과

넷플릭스의 추천 시스템 역사를 살펴보면 넷플릭스 프라이즈(Netflix Prize)라는 흥미로운 사건이 있습니다. 이는 넷플릭스가 추천 시스템을 정밀하게 개발하기 위해 공모전의 형식을 빌려 일반 대중들에게 데이터를 제공하고 가장 우수한 추천 시스

템 모델을 제공한 참가자에게 무려 100만 달러의 상금을 지급한 대회입니다. 해당 대회는 대회 종료 직전까지 1위 참가자에 대한 예측이 불가능할 정도로 매우 치열한 양상을 보였습니다. 이때 1위 참가자를 역전하기 위해서 아래 순위의 참가자들이 대회 종료 직전 팀을 병합해 더 고도화된 추천 시스템을 제공하고 1위 참가자들도 이에 밀리지 않기 위해 끝까지 치열하게 개발을 진행했던 양상을 보인 대회입니다. 이 대회는 그 진행 추이가 너무나 흥미진진했으면서 동시에 넷플릭스를 통해 추천 시스템에 대한 인지도를 대폭적으로 끌어올린 역사적인 대회입니다.

💡 | 생각해 볼 거리

머신러닝 분야에서는 모델 앙상블(Ensemble)이라는 개념이 있습니다. 하나의 머신러닝 결과를 이용하는 것이 아니라 여러 가지 모델을 개발하여 그 모델의 결과를 종합적으로 활용할 때 머신러닝 성능이 더 좋아지는 원리를 차용한 개념입니다. 넷플릭스가 주최한 넷플릭스 프라이즈는 빅데이터, 인공지능 분야에서 이러한 모델 앙상블이나, 여러 사람 간의 아이디어 교류의 중요성을 더욱 잘 깨닫게 해 주는 대회였습니다.

빅데이터에 대한 지식이 전무한 상태라면 A라는 사람이 개발한 인공지능과 B라는 사람이 개발한 인공지능을 하나로 합친다는 것이 매우 어렵다고 생각할 수 있습니다. 하지만 앞서 말한 모델 앙상블 개념을 활용한다면 동일한 목적으로 개발된 인공지능이라는 전제하에 여러 인공지능 모델을 하나로 합치는 것은 생각보다 쉬운 일입니다. 이렇게 인공지능 간의 융합이 가능하다는 점이 바로 넷플릭스 프라이즈에서 대회 종료 직전까지 1위 팀과 연합팀이 경쟁을 하게 만든 배경이기도 합니다.

실제로 추천 시스템을 포함해서 머신러닝, 딥러닝 분야에서는 협업이 정말 중요한 요소로 작동하게 됩니다. 어느 정도 이상의 기반 지식을 갖춘다면 참신한 아이디어가 더 좋은 인공지능을 만드는 데 가장 중요한 열쇠가 되기도 하며, 모델 앙상블의 개념도 활용할 폭이 넓어지기 때문입니다. 다른 사람들과 잘 일할 수 있는 능력이 빅데이터 분야에서 중요한 또 하나의 원인을 여기서 살펴볼 수 있습니다.

3-4-2 ▶ 추천 시스템 활용 사례: 알라딘

넷플릭스와 같이 콘텐츠를 제공해 주는 업체들은 추천 시스템을 가장 잘 활용하는 집단 중 하나입니다. 그리고 콘텐츠 제공 업체가 아니더라도 추천 시스템을 활발히 이용하는 집단 중 하나는 바로 온라인상에서 다양한 상품을 판매하는 업체들입니다. 쇼핑몰을 포함하여 이커머스 기업이라고 불리는 업체는 물론이며 다양한 종류의 책을 판매하는 서점들 역시 온라인상에서 고객에게 많은 상품을 추천합니다. 그리고 이러한 기업들 중 추천 시스템을 활발히 사용하고 있는 곳으로는 대표적으로 알라딘을 이야기할 수 있습니다. 일반적으로 사람들은 소설, 자기계발 서적, 에세이 등 그 종류에 따라 책에 대한 관심사가 정해져 있는 경우가 많습니다. 그렇기에 특정 고객이 관심 있는 영역을 알고 그와 연관된 새로 나온 책이나 인기가 많은 책을 고객에게 추천한다면 추가 구매를 유도할 수 있습니다.

[그림 2-3-10] 알라딘 추천 화면

알라딘에서는 고객이 관심 있어 하는 책을 다양한 데이터를 통해 종합적으로 추적하여 추천 활동을 진행합니다. 이를 위해서 고객이 직접 구매한 이력이 있는 책은 물론이며, 장바구니에만 넣었던 상품, 최근 조회한 이력이 있는 상품을 모두 종합적으로 고려합니다. 알라딘 측에서 활용하고 있는 추천 시스템의 세부 로직을 정확하게 공개한 적은 없습니다. 하지만 추천 시스템이라는 기술의 기본 원리 및 목적을 생각해 본다면 특정 책의 구매 이력, 장바구니 이력, 조회 이력을 모두 살펴보아 고객이 관심 있어 하는 종류의 책을 추정하고 그와 유사하다고 판단이 된 책을 추천 상품으로 띄워 줄 것임을 유추할 수 있습니다.

이 부분에서 한 가지 주목할 점은 고객이 관심 있어 하는 책과 '유사한' 책을 매칭하여 추천 활동을 진행한다는 것입니다. 이는 비단 알라딘뿐 아니라 추천 시스템을 적용하는 대부분의 기업에서 진행하고 있는 방법입니다. 이 때문에 추천 시스템을 위해서는 특정 상품과 유사한 상품을 어떤 것으로 정의 내릴지에 대해 깊게 고민해 보아야 합니다. 상품의 특성상 같은 분류에 속해 있거나, 유사한 상품명을 지니고 있거나, 혹은 콘텐츠라면 제작자나 작성자의 정보를 활용할 수 있습니다. 또한 같은 물건을 구매한 고객이 구매한 다른 상품을 이와 유사한 상품이라고 볼 수도 있습니다. 결국 상품 간 유사성을 어떻게 판단하고 계산하는지에 따라 추천 시스템의 종류 및 성격이 나뉜다고 이해할 수 있습니다.

💡 | 생각해 볼 거리

넷플릭스, 알라딘을 포함하여 추천 시스템을 활용하고자 하는 기업이 있다면 그 목적은 명확합니다. 추천 시스템을 활용하는 이상 보유하고 있는 상품, 콘텐츠의 소비를 고객으로 하여금 하나라도 더 증진시키도록 하는 목표를 떠날 수 없습니다. 그리고 추천 시스템의 기본 원리상 추천을 통해 추가적으로 소비를 유도하는 상품은 기존에 인기가 많은 상품일 수밖에 없습니다. 특정 고객이 관심을 보였던 상품을 조회할 때 아무래도 전체적으로 인기가 많은 상품이 그 안에 포함될 확률이 높을 수밖에 없기 때문입니다.

이러한 현상을 추천 시스템에서는 롱테일(Long Tail) 문제라고 부릅니다. 상위 몇 가지의 상품이 추천되는 상품의 대다수를 차지하여 꼬리가 길다는 의미를 가집니다. 하지만 비즈니스 전략적인 차원에서 생각을 해 보았을 때 원래 인기가 많은 상품을 그대로 추천하는 것이 좋은가에 대해서는 의문 부호가 따릅니다. 물론 추가 판매를 촉진한다는 점에서 부정적으로만 볼 수는 없겠지만 신규 출시한 상품, 새로운 종류의 상품, 전략적으로 마케팅하고 있는 상품 등 보다 주요한 상품 영역들이 있을 수 있기 때문입니다.

결국 추천 시스템을 활용하고자 한다면 추천 시스템 개발 초기에 그 목적을 명확히 할 필요가 있습니다. 단순히 상품 소비를 늘리자는 것은 포괄적인 목표밖에 될 수 없습니다. 보유하고 있는 다양한 상품 중 어떤 세부 상품을 주요하게 홍보해야 하며, 이를 위해 추천 시스템의 세부 로직을 어떻게 개선할지에 대한 고민의 시간은 정말 중요합니다.

Chapter 4

빅데이터 유의사항

Chapter 4
빅데이터 유의사항

실제 데이터에 대해 깊게 공부를 하고 실무에서 빅데이터를 다루다 보면 빅데이터 관련 기술의 가능성과 한계성을 동시에 느낄 수 있습니다. 빅데이터 전문가라면 누구든 빅데이터가 가지고 있는 가능성과 한계성 모두에 공감할 것입니다. 다만, 빅데이터 전문가가 아닌 일반인의 시점에서 바라볼 때 빅데이터를 한계보다는 무궁무진한 가능성만 가지고 있는 대상으로 보는 경우가 많습니다. 우리는 늘 빅데이터를 대할 때 이 기술에 대한 가능성과 한계성을 동시에 고려해야 합니다. 그리고 이것이 다시 빅데이터를 대할 때 가장 유의해야 할 사항 중 하나라고 할 수 있습니다.

4-1 숫자 의심하기

많은 사람들이 빅데이터 분석이라고 하면 그 결과를 의심하지 않고 그대로 받아들이곤 합니다. 하지만 빅데이터 분석 역시 사람(분석가)에 의한 결과물이고 그렇다는 것은 분명 그 과정에 놓친 부분이나 실수가 있을 수 있다는 것을 의미합니다. 이와 연관해서, 빅데이터를 대할 때 유의사항 중 가장 중요한 것은 데이터와 분석에 드러난 숫자들을 있는 그대로 맹신하면 안 된다는 것입니다. 적재된 데이터는 우리가 신뢰할 수 있는 것인지, 분석 과정에서 놓치고 있는 점은 없는지 끊임없이 의심하는 것이 좋은 빅데이터 활용을 위한 첫 번째 단계입니다.

4-1-1 외부 환경의 영향 고려하기

빅데이터를 분석하거나 분석 결과를 바라볼 때 가장 주의할 점의 첫 번째는 바로 외부 환경의 영향을 고려하는 것입니다. 여기서 말하는 외부 환경이란 데이터 속에 드러나지 않고, 데이터를 분석할 때 감안하지 않은 숫자에 영향을 미치는 요소를 뜻합니다. 데이터에 담기지 않는 영향이 무엇이 있을까 의아할 수 있지만, 외부 환경의 영향이라는 것은 생각보다 다양한 형태로 존재합니다. 이는 특히 비즈니스 환경에서 데이터를 분석하거나 데이터 분석 결과를 바라보아야 하는 직장인들에게는 더욱 들어맞는 말이라고 할 수 있습니다.

예를 들어, 특정 회사에서 상품의 매출 정도를 분석하는 장면을 상상해 볼 수 있습니다. 회사에서 판매하는 다양한 제품들 중 A와 B라는 제품이 있다고 할 때, 우리는 A의 전체 판매량과 B의 전체 판매량을 살펴보거나, 시간 흐름에 따른 A 상품의 판매량을 보며 상품들 간의 매출액 비교, 특정 상품의 인지도 상승 여부 등을 체크할 수 있습니다. 하지만 단순히 판매액을 살펴보며 A라는 상품이 점차 인지도가 상승하고 있다는 등의 결론을 내기에는 많은 위험요소가 따릅니다. 다른 일체의 요소를 배제하고 판매량 데이터만을 살펴보는 것은 외부 환경에 인한 영향을 전혀 평가하지 않은 것이기 때문입니다.

[그림 2-4-1]

A라는 상품이 지난달에 100개만큼 팔리고, 이번 달에는 120개만큼 팔렸다면 이는 충분히 A라는 상품의 인지도가 높아지고 있다고 해석할 여지가 있습니다. 실제로

이 정도 수치라면 데이터 시각화를 진행하더라도 눈에 띄는 차이로 보일 확률이 높습니다. 다만, 20개만큼의 판매량 상승에는 상품의 인지도 말고도 너무나도 많은 영향이 있을 수 있습니다. 이번 달에 A라는 상품에 프로모션이 적용되어 할인된 가격으로 구매를 할 수 있었다면, 이는 상품이 매력 있어서라기보다는 프로모션의 효과 때문에 판매량 상승이 있었다고 보는 것이 맞습니다. 즉, 상품과 관련된 마케팅 활동이 어떻게 진행되고 있는지를 정확히 알고 있어야 판매량 상승에 대한 해석을 똑바로 할 수 있습니다.

한 가지 상상을 더 해보면, A 제품의 경쟁사 제품이 어느 날 갑자기 이미지에 큰 타격을 입고 불매운동이 생겼을 수도 있습니다. 이러한 상황이라면 자연스럽게 경쟁사 제품인 A 제품의 판매량이 올라갈 확률이 높습니다. 이런 식으로 외부 환경이 영향을 미칠 가능성을 생각하다 보면 끝없이 실현 가능한 시나리오를 상상할 수 있습니다. 만약 수많은 상상 속 시나리오 중 하나의 경우라도 실제로 일어난 것이 맞다면, A 제품의 판매량 상승을 제품 그 자체의 인지도 상승 때문이라고 해석하기에는 무리가 있습니다.

여기에 빅데이터를 대할 때 외부 환경의 영향을 고려해야 하는 이유가 드러나 있습니다. 데이터가 직접적으로 알려주지 않는 외부 환경의 영향이라는 것은 데이터 분석가나 외부 인원이 따로 신경을 쓰지 않는다면, 그 존재조차 모른 채 분석이 끝날 수도 있습니다. 알고 보면 너무나도 어처구니없는 이유로 데이터에 큰 변화가 생긴 것이지만, 이를 잘 모른 채로 분석을 진행하다 보면 데이터 분석을 통해 기존에는 알지 못했던 큰 인사이트를 도출했다고 착각을 할 수도 있습니다.

결국, 빅데이터를 분석해야 하는 데이터 분석가이건 데이터 분석가가 분석한 결과를 보고 의사결정을 해야 하는 실무진의 입장이건 늘 외부 환경의 영향을 의심하는 마음가짐이 필요합니다. 데이터 분석가는 할 수 있는 최대한의 노력을 통해 외부 변수를 통제하여 정확한 비교 결과를 제공해 주어야 하며, 비즈니스에 대해 전문성을 가지고 있는 실무진의 입장이라면 분석가가 고려하지 못한 요소가 혹여 없을지 끊임없이 고민하고 의사소통해야 합니다.

> **생각해 볼 거리**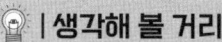
>
> 빅데이터 분석은 어렵습니다. 프로그래밍, 수학, 통계 등 빅데이터 분석을 어렵게 만드는 요소가 분명히 존재하며, 동시에 빅데이터 분석을 어려워 보이게 만드는 요소들도 존재합니다. 그 실상이 과도할 정도로 빅데이터를 어렵다고 생각하게 만드는 착각이든 정확히 빅데이터 분석의 어려움을 이해하고 있는 통찰력이든 일반 사람들에게 빅데이터 분석은 분명 어려워 보이는 일 중 하나입니다.
>
> 아쉽게도 빅데이터 분석을 어려워 보이게 만드는 이러한 사실은 사람들로 하여금 빅데이터 분석을 남의 일처럼 치부하게 만듭니다. 분석은 분석가가 진행하는 것이며 다른 업무를 하고 있는 나는 분석 결과를 그대로 바라보기만 하면 된다는 생각을 할 수 있습니다. 어차피 내가 빅데이터 분석에 신경을 써 봤자 큰 도움을 줄 수 있을 리 만무하고, 데이터 분석가들만 알고 있는 고도의 분석 스킬이 있을 거라고 생각하기 때문입니다.
>
> 하지만 외부 환경 요인과 같은 경우는 데이터 분석가보다는 비즈니스 환경의 최전선에서 업무를 진행하고 있는 사람들이 더욱 높은 이해도를 지니고 있을 확률이 높습니다. 데이터 분석가는 모르는 외부 환경 요소 하나가 전체 데이터 분석 결과를 좌지우지할 수도 있습니다. 데이터 전문가가 아니더라도 빅데이터를 어렵게 생각하지 말고, 분석 내용에 관심을 가지고 데이터 전문가들과 끊임없이 소통해야 하는 이유를 하나 더 발견할 수 있습니다.

4-1-2 ▸ 숫자 추세 고려하기

빅데이터에 대한 올바른 인식을 가지기 위해 숫자를 바라볼 때 늘 의심해야 하는 것 중 두 번째는 바로 숫자의 추세를 고려해야 한다는 것입니다. 이 세상에 존재하는 데이터 중 시간의 흐름이 지남에도 그 추세를 유지하는 데이터는 그렇게 많지 않습니다. 실제로 우리가 살면서 마주하는 대부분의 데이터는 시간이라는 환경을 대할 때 늘 변화하는 모습을 보여 줍니다. 그래서 이는 우리가 빅데이터를 바라볼 때 반드시 조심해야 하는 부분으로 작동하곤 합니다. 내가 지금 보고 있는 데이터와 이 데이터에서 나온 숫자들이 우리에게 익숙한 숫자와는 다를 수 있습니다.

데이터를 볼 때 숫자의 추세가 달라지는 대표적인 사례로 주식 가격 데이터를 생각해 볼 수 있습니다. 짧은 기간만을 바라보면 주식 가격은 상승과 하락을 매우 빠르게 반복합니다. 하지만 장기적인 관점을 가지고 주식 가격을 바라보면 경제 성장이 우상향하는 성격이 있기 때문에 주식 가격 역시 상승 추세를 유지한다고 말하곤 합니다. 즉 현재 시점에서 미국에 상장되어 있는 주식 가격을 분석한다고 할 때, 지나치게 오래된 시점의 데이터는 사용성이 매우 떨어질 우려가 있습니다.

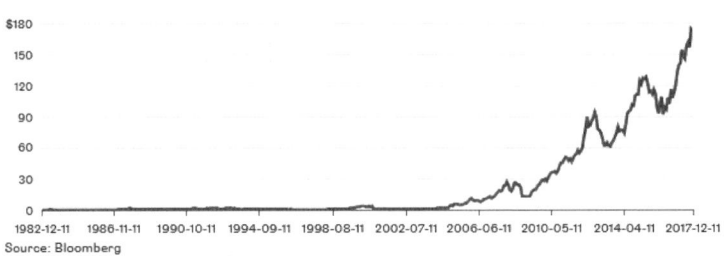

[그림 2-4-2]

단적인 예로, 현재 Apple 회사의 주식 가격은 2022년 초를 기준으로 150달러를 상회하는 수준에서 형성되어 있습니다. 하지만 시간을 3년 전으로만 돌려도 이 숫자는 완전히 달라지게 됩니다. 당시 Apple 회사의 주식 가격은 지금의 약 1/3 수준이었습니다. 약 3년의 시간이 흐른 것으로 한 회사의 주식 가격 데이터를 분석할 때 아예 주식 가격의 단위 자체가 달라지게 되었습니다. 즉, 50달러 수준에서 움직이던 당시 데이터를 참고하며 현재의 데이터를 분석하고자 한다면 "2019년의 Apple 회사 주가 움직임 = 2022년의 Apple 회사 주가 움직임"이 직접적으로 성립하지 않기 때문에 데이터를 바라볼 때 주의가 필요합니다.

물론 숫자 추세를 잘 알아야 한다는 것은 단순히 숫자의 단위가 달라지는 것 이상으로 꽤나 복잡한 이야기를 포함하고 있습니다. 장기적으로 상승 추세에 있는 데이터라면 단기 패턴을 분석할 때 장기 추세의 영향력을 감안할 줄 알아야 합니다. 또한 특정 데이터에 계절성(Seasonality)을 가지는 패턴은 없는지, 그리고 지금 눈에 보이는 데이터의 패턴이 그러한 계절성의 영향을 받은 것은 아닌지 잘 생각해야 합니다. 이는 데이터 전문가와 일반인 모두 빅데이터를 다룸에 있어 고려해 봐야 하는 매우 중요한 요소입니다.

> **💡 | 생각해 볼 거리**
>
> 앞서 언급하였듯 이 세상에는 시간이 지나며 그 특성이 달라지는 데이터가 매우 많습니다. 1년 전 혹은 2년 전에 관찰되었던 데이터 움직임의 패턴이 지금 시점에서 그대로 적용되리라는 보장이 없습니다. 물론 시간의 흐름에 따라 데이터가 변화하는 정도, 시간 추세에 따라 데이터의 패턴이 반복되는 정도는 각 데이터가 가지고 있는 특성에 따라 천차만별입니다.
>
> 만약 시간이 지남에 따라 보유하고 있는 패턴 혹은 특성이 크게 바뀌는 데이터가 있다고 할 때, 이렇게 데이터의 특성이 시간에 따라 변해 가는 것을 Concept Drift라는 용어로 지칭하고는 합니다. 시간이 지나면서 데이터가 가지고 있는 콘셉트 자체가 뒤바뀌어 버린다는 의미를 지니고 있습니다. 이러한 Concept Drift는 데이터 분석 결과의 항상성에 영향을 매우 많이 미치기 때문에 빅데이터를 다룰 때 절대 조심해야 할 첫 번째 유의사항이기도 합니다.
>
> 데이터에 Concept Drift가 일어났다고 가정을 하면, 이미 데이터 분석가나 데이터 과학자가 손쓰기에는 어려운 수준으로 데이터 활용도가 떨어졌다고 보아도 무방합니다. 결국 Concept Drift를 포함하여 데이터의 전체 추세를 관찰하고 고민하는 것은 생각보다 빅데이터 시대를 살아가는 데 중요한 요소가 될 수 있습니다. 데이터의 추세가 심하게 역변하고 있지는 않은가에 대해 탐지를 할 수 있는 비즈니스 전문가의 의견, 이를 조심하는 데이터 분석가, 주기적으로 데이터를 업데이트 및 관리하는 데이터 관리자의 노력이 모두 필요합니다.

4-1-3 ▶ 평균 수치 체득하기

한 분야나 업계에서 전문가로 칭송되는 사람들은 대부분 그 분야에서 매우 많은 경험과 경력을 쌓고 있을 확률이 높습니다. 이는 빅데이터 분야도 마찬가지입니다. 특정 업종에서 오랜 시간 데이터를 봐 오고 다뤄 본 전문가라면 데이터에 대한 매우 높은 이해를 가지고 있을 것입니다. 하지만 이 세상에는 어쩔 수 없이 전문가보다는 비전문가가 더욱 많을 수밖에 없습니다. 이 말을 빅데이터에 다시 적용해 보면, 다양한 데이터를 다루는 빅데이터 전문가의 입장에서 해당 업종에 대한 이해가 부족하다면 매우 낯선 데이터를 마주하고 공부해야 하는 상황이 생길 수 있습니다.

이는 새로운 분야에서 업무를 시작하는 데이터 분석가나 아예 데이터 자체를 접할 기회가 적은 일반 사람들에게는 꽤 중요하게 적용되는 이야기입니다. 데이터에 대한 이해가 부족하다면 데이터를 분석했을 때 분석 결과로 나온 수치들이 어느 정도의 중요성을 이야기하는지 체감하기 매우 힘듭니다. A라는 제품의 이번 달 판매량이 100개라고 할 때, 이 100개라는 판매량이 훌륭한 수치인지, 아니면 회사 입장에서 받아들이기 힘든 매우 적은 수치인지 연관 데이터에 대한 경험이 부족하다면 정확히 이해하기 힘듭니다.

[그림 2-4-3]

이때, 데이터의 평균 수치를 체득하고 있는 것만으로도 데이터를 바라봄에 있어 꽤나 많은 도움을 받을 수 있습니다. 데이터별로 평균 숫자에 대한 감이 있는 사람이라면, 향후 데이터를 분석할 때 데이터의 이상 현상을 그 누구보다 빠르게 감지하고 새로운 분석 주제를 찾아낼 수 있습니다. 물론 각 데이터의 평균 수치를 체득하고 있는 것이 말처럼 쉬운 일은 아닙니다. 같은 업종이라 할지라도 보유하고 있는 데이터는 매우 다양할 확률이 높으며 평균값을 한 번 본다고 해서 머릿속에 바로 기억을 하는 것도 쉽지 않은 일이기 때문입니다.

다만, 데이터를 분석하고 그 결과를 바라봄에 있어서 '이 데이터의 평균적인 수치는 어느 정도이길래 이런 숫자가 나온 것이지?'라는 생각을 가지고 있는 것과 그렇지 않은 것만 해도 많은 차이를 보이게 됩니다. 평균 수치에 대한 의구심을 가지고 있다면 데이터 분석 결과를 바라봄에 있어서 비판적인 시선을 가지는 데 많은 도움이 될 수 있습니다. 또한 데이터의 평균적인 숫자에 대해 호기심과 관심을 가지는 사람들이 더욱 평균 수치에 대한 체득을 빨리하기 마련이기에, 해당 분야 안에서 전문가로 성장하는 시간을 단축시키는 하나의 도우미가 될 수도 있습니다.

생각해 볼 거리

평균은 우리가 알고 있는 통계량 중에서 가장 유명하며 동시에 가장 유용한 개념입니다. 우리가 평균에 친숙하다면 생각보다 많은 장점을 가질 수 있습니다. 대한민국 남성을 기준으로 할 때 흔히 180cm 이상이라면 큰 키를 가지고 있다고 말을 하곤 합니다. 하지만 175cm의 키를 가진 남성이라면 큰 키를 가지고 있다 혹은 그렇지 않다고 말하기 애매합니다. 이때 대한민국 남성의 평균 키를 알고 있다면 이 문제에 대해 간단하게 답을 내릴 수 있습니다.

2021년 대한민국 20대 남성의 평균 키는 약 174.4cm라고 합니다(출처: 산업통상부 국가기술표준원). 따라서 175cm 키를 가진 남성이라면 미세하긴 하지만 큰 키를 가지고 있다고 표현할 수 있습니다. 이는 꼭 키가 아니더라도 모든 영역에 다 적용할 수 있는 이야기입니다. 제품의 판매량, 주가의 상승률, 온도 등 우리 주변에 존재하는 많은 부분이 평균 수치를 알고 있는 것과 그렇지 않은 것에 많은 인사이트의 차이를 가져다줍니다.

이는 특히 빅데이터 분야에는 더욱 필요한 역량이라고 할 수 있습니다. 175cm의 키를 큰 키인지 작은 키인지 말하는 것은 사실 중요한 일이라고 할 수 없지만, 비즈니스 환경 내에서 평균 이상 및 이하는 큰 영향을 미칠 수 있습니다. 많은 데이터 전문가들은 데이터를 통해 고객의 Segment(마케팅 활동을 위해 고객을 특성에 따라 그룹화하는 것)를 구분하고자 고객이 가지고 있는 데이터의 특성을 살펴봅니다. 이때 해당 고객이 평균보다 큰 데이터를 가지고 있는지, 작은 데이터를 가지고 있는지는 고객의 Segment 구분에 큰 영향을 미칠 수 있습니다.

4-2 지나친 기대감 버리기

빅데이터 분석에는 특별한 기술이 있을 것만 같습니다. 그리고 빅데이터와 인공지능은 최근 가장 각광을 받고 있는 기술 영역 중 하나입니다. 이 때문에 사람들은 빅데이터를 기반으로 특정 분석을 진행한다고 할 때 엄청난 기대감을 가질 수 있습니다. 하지만 당연하게도 현실은 그렇게 녹록하지 않습니다. 온갖 최신 알고리즘을 다 사용한다고 할지라도 그 결과가 항상 좋으리라는 보장은 없습니다. 빅데이터에 대한 지나친 기대감을 버리고 현실적인 시선을 가지는 것도 빅데이터 시대를 똑똑하게 살아가는 데 중요한 요소가 될 수 있습니다.

4-2-1 ▶ 빅데이터에 대한 과도한 기대감

빅데이터는 어느 날 문득 혜성과 같이 등장을 한 것처럼 느껴집니다. 과거에는 그 존재 자체를 인지하지도 못할 만큼 조용히 있더니 어느 순간 각종 매체가 가장 앞다투어 다루는 주제로 변화하였습니다. 빅데이터를 키워드로 인터넷 검색을 해 보면 지금도 이 현상을 잘 체감할 수 있습니다. 여전히 빅데이터를 활용한 성공 사례는 널리 보도되고 있으며, 빅데이터 교육 콘텐츠나 빅데이터 플랫폼 등은 큰 노력을 기울이지 않더라도 간단한 검색 작업을 통해서 너무나도 쉽게 접근할 수 있습니다.

이렇듯 갑자기 찾아온 빅데이터 '광풍'은 사람들로 하여금 그 무엇보다 빠르게 빅데이터에 집중하게 만들었지만 순기능만을 보유하고 있지는 않았습니다. 빅데이터가 처음 강조되기 시작한 때부터 지금까지 분명 빅데이터는 과장되어 홍보되고 있습니다. 즉, 실제로 빅데이터가 가진 가능성이나 현실을 모두 무시한 채 빅데이터로 모든 업무를 진행할 수 있다는 빅데이터 만능주의가 탄생하게 된 것입니다. 데이터 분석을 전공하고 실제로 빅데이터 산업에 종사까지 하는 사람이라면 이러한 광풍이 빅데이터의 가치를 올리고 있다는 순기능을 체감할 수 있지만, 반대로 사람들이 빅데이터에 대해 과도한 기대를 가지게 되어 부담감을 느끼는 상황이 많아지는 역기능 역시 체감하고 있을 것입니다.

[그림 2-4-4]

한 가지 분명히 말할 수 있는 것은 빅데이터는 우리가 생각지 못한 부분에서 마법 같은 성과를 보여 줄 가능성을 지닌 존재임과 동시에 우리가 꿈처럼 상상하는 마법 같은 일을 이뤄 내지는 못하는 한계가 뚜렷한 존재라는 점입니다. 이는 어떻게 보면 역설적인 말처럼 들릴 수 있습니다. 빅데이터에는 무한한 가능성이 있음과 동시에 한계점이 명확하다는 말이 양립할 수 없는 것처럼 느껴질 수 있기 때문입니다. 이때 빅데이터는 문제의 해결책을 제안할 가능성은 언제나 있지만 그 가능성이란 것이 절대적이지 않다는 것으로 이해를 하면 빅데이터의 본질을 더욱 체감하기 쉬울 수 있습니다.

앞서 예를 든 월마트의 기저귀와 맥주 사례를 생각할 때, 분명 빅데이터는 사람들이 인지하지 못했던 새로운 통찰을 얻어내 사업 기회를 넓히는 데 일조했습니다. 하지만 누가 데이터를 분석하는지에 따라, 그리고 언제 어떤 상황에서 데이터를 분석하는지에 따라 기저귀와 맥주의 통찰을 데이터 분석의 결과로 얻지 못할 수도 있습니다. 만약 기저귀와 맥주의 연관성을 파악하지 못했다고 가정한다면, 그 이후 새로운 통찰을 데이터 분석을 통해 얻어 낼 수 있을지 없을지는 그 누구도 모릅니다.

즉, 우리가 원하는 목표가 있을 때 빅데이터가 이에 핵심적인 도움을 줄 수 있을지 없을지는 실제로 데이터를 뜯어보지 않는 한 그 누구도 알 수 없습니다. 즉 빅데이터 분석의 결과는 일종의 미지의 영역이라고 볼 수 있습니다. 제한된 상황 속에서 빅데이터의 가능성을 제대로 이해하고 이를 활용하는 것, 이것이 우리가 빅데이터를 제대로 이해하고 있어야 하는 가장 큰 이유이기도 합니다.

> **｜생각해 볼 거리**
>
> 빅데이터 분석에는 여러 가지 영역이 있으며 그 부류는 크게 서술적 분석, 예측적 분석, 처방적 분석으로 분류할 수 있었습니다. 이때 서술적 분석에 있어서 사람들이 가장 원하는 것은 인사이트라는 존재를 얻어내는 것입니다. 사업에 직접적으로 활용할 수 있는 기존에는 몰랐던 새로운 사실이나, 의사결정을 하는 데 치명적인 역할을 할 수 있는 정보를 빅데이터를 통해 캐내어 이를 활용하고자 하는 것이 곧 인사이트 분석의 본질이라고 할 수 있습니다.
>
> 이러한 서술적 분석의 특징 때문에 산학을 막론하고 빅데이터 전문가에게 공통적으로 요구하는 조건이 하나 있습니다. 바로 어떤 내용이라도 좋으니 데이터를 분석해서 새로운 인사이트를 도출해 보라는 것입니다. TV나 인터넷에 수없이 발표되고 있는 빅데이터를 통한 드라마틱한 발견 및 활용을 하기 위한 전초작업이라고 볼 수 있습니다. 하지만 아무리 인사이트 도출이 서술적 분석의 본질이라고 할지라도 무작정 데이터 전문가에게 인사이트를 발굴해 달라 요구하는 것은 꽤나 문제를 복잡하게 만들 수 있습니다.
>
> 보통의 데이터 분석가는 해당 업종에 오래 종사한 사람이 아닌 이상 도메인 지식이 부족하기 마련입니다. 즉, 해당 산업과 사업에 대해서 다른 실무진들에 비해서 이해도가 떨어질 수밖에 없습니다. 이러한 상황에서 데이터 분석가에게 포괄적인 인사이트 분석을 요구한다면 그 결과가 좋을 확률이 매우 작습니다. 데이터상에서 차이나는 패턴을 구분하고 이를 요약한다 한들 이미 알고 있는 사실이거나, 사업적으로 중요한 요소 몇 가지를 빠뜨리고 분석한 결과물일 확률이 높습니다.
>
> 이 문제를 해결하기 위한 방법은 생각보다 간단할 수 있습니다. 데이터 분석가에게 충분히 도메인 지식을 설명하고, 원하는 인사이트가 구체적으로 어떤 방향에 놓여있는지를 언급해 준다면 훨씬 더 좋은 데이터 분석 결과를 얻을 수 있습니다. 이 역시 빅데이터 전문가와 일하기 위해 가장 중요한 포인트 중 하나입니다.

4-2-2 ▶ 인공지능에 대한 과도한 기대감

빅데이터와 인공지능은 그 결을 같이하고 있습니다. 각자가 조금은 다른 탄생 시기와 배경을 보유하고 있기는 하지만 그 발전 양상을 살펴보면 상호 간의 보완성이 너무도 뚜렷합니다. 그렇기 때문에 인공지능 분야 역시 빅데이터 분야와 같은 장점을 가지고 있지만 한편으로는 유사한 단점을 지니고 있기도 합니다. 과도한 기대감으로 초점을 맞추었을 때 빅데이터와 마찬가지로 인공지능 역시 사람들로 하여금 부담스러운 기대감을 가지고 있는 것은 마찬가지 실정입니다. 분명 인공지능은 무서운 속도로 발전해 왔고 지금 이 순간에도 빠르게 발전하고 있습니다. 하지만 아직까지는 인공지능이 보유하고 있는 한계 역시 명확한 실정입니다.

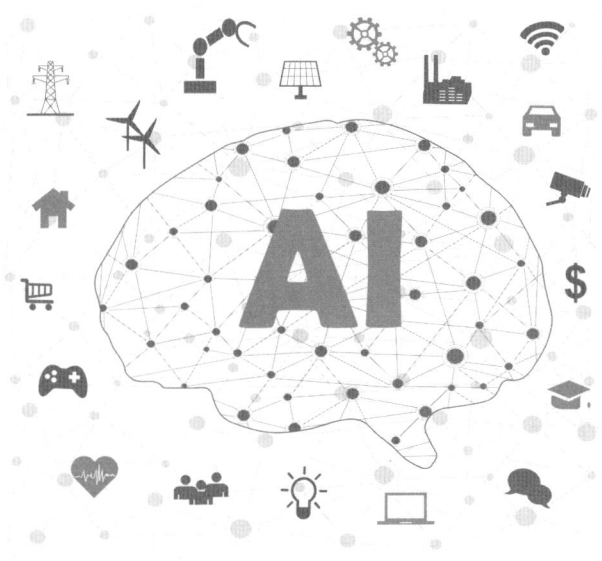

[그림 2-4-5]

인공지능의 놀라운 점은 사람들이 상상하지 못했던 영역에까지 적용이 가능하며 심지어 매우 높은 성능을 보여 준다는 점입니다. 처음 인공지능을 바둑에 적용할 때까지만 하더라도 적어도 바둑 경기에서는 인공지능이 프로 기사를 이기지 못할 것이라는 여론이 많았습니다. 하지만 실상은 달랐습니다. 알파고는 너무도 당연하다는

듯 프로 기사와의 승부에서 연전연승을 보여 주었습니다. 이에 충격을 받은 사람들은 인공지능의 무궁무진한 가능성을 인정하고 사고를 전환하기 시작했습니다. 이제는 자율주행 자동차 운행, 영화 시나리오 작성, 가상 인물 생성 등 인공지능을 매우 다양한 분야로 적용하고자 하는 움직임이 활발해지기 시작했습니다.

하지만 아쉽게도 현재의 기술로는 인공지능이 해결하지 못하는 문제 역시 명확하게 존재합니다. 대표적인 영역이 바로 주식 가격 예측이라고 할 수 있습니다. 향후 인공지능을 통해 주식 가격을 정밀하게 예측할 수 있다면 누구든 부자가 될 수 있기 때문에 많은 사람들은 주식 가격을 예측하는 인공지능을 개발하는 데 힘을 쓰고 있습니다. 하지만 실상을 보면 그 수많은 시도들은 실용성이 없는 경우가 많았습니다. 물론 주식 가격 예측의 시점을 예측해 이른바 초단타를 위한 인공지능을 개발하거나 정확한 주식 가격이 아닌 가격 상승, 하락 정도의 예측으로 문제를 단순화한 경우에는 인공지능이 효과를 거둔 경우도 많았습니다. 하지만 실제로 주식 시장에 전문성을 가지고 투자를 하는 것과 비교해서 그 활용성이 높은 상황이라고 볼 수는 없습니다.

주식 가격 예측을 포함하여, 인공지능이 실패를 거듭하는 분야는 대부분 데이터화할 수 없는 요소가 중요하게 작동하는 경우라고 볼 수 있습니다. 주식 가격을 예측하고자 하면 보통 이전 시점의 주식 가격을 활용해 미래 주식 가격을 예측하곤 합니다. 하지만 경제 정책을 포함한 정치 상황, 문화적 변동, 전쟁의 발발, 자연재해 등 우리가 데이터로 미리 예측할 수 없는 수많은 요인들이 주식 가격에 영향을 미치곤 합니다. 분명 인공지능은 지금까지 빅데이터를 바탕으로 성장해 왔습니다. 이를 다시 해석하면, 새로운 분야에 인공지능을 적용하고자 할 때라면 그 분야에 대표성을 띠고 있는 데이터 셋이 명확하게 확보되어 있는지를 다시 한번 곱씹어 보아야 한다는 것을 의미합니다.

> **│생각해 볼 거리**
>
> 인공지능은 학술적 연구가 이루어지는 모든 분야를 통틀어 가장 많은 연구자들이 유입되고 있고 동시에 가장 트렌디한 분야라고 할 수 있습니다. 실제로 지금 연구되고 있으며 빠른 발전 속도를 보여주고 있는 인공지능 기술 중 불과 몇 년 전만 하더라도 절대 실현이 불가능하다고 여겨졌던 기술도 많습니다. 최근의 인공지능 기술 발전 속도만 놓고 보면 인공지능을 만능의 기술이라 생각하는 것도 무리는 아닙니다.
>
> 하지만 비단 인공지능뿐 아니라 최근 기술을 도입하고자 하는 모든 분야에서 알아두어야 하는 중요한 사실이 하나 있습니다. 바로 현재 연구자들에 의해 연구되고 있는 기술의 수준과 실제 산업에서 사용하고 있는 기술의 수준은 어느 정도 격차가 있을 수밖에 없다는 점입니다. 이를 인공지능 분야로 다시 적용하면, 인공지능이 정말 다양한 분야에서 빠른 속도로 연구되고 있는 것은 사실이지만 이를 상용화하고 실제로 사람들로 하여금 이용을 하게 하는 것에는 아직 조금 더 시간이 필요할 수 있다는 이야기가 됩니다. 특히 구글, 아마존과 같은 인공지능 분야의 거대 공룡 기업들이 모두 해외에 있다는 것을 고려하면, 학계와 산업계의 인공지능 기술력 격차는 우리나라에서 더욱 크게 느껴질 수도 있습니다.
>
> 대부분의 인공지능은 한 분야에 특화된 경우가 많습니다. 텍스트를 데이터로 사용하는 인공지능은 자율주행 자동차에 사용할 수 없고 그 반대 역시 마찬가지입니다. 그리고 인공지능 기술 구현에는 충분한 기반 시설이 마련되어 있어야 합니다. 좋은 컴퓨터 장치와 서버, 그리고 데이터까지 충분히 뒷받침되어야 합니다. 어찌 생각하면 인공지능을 새롭게 활용하고자 하는 아이디어가 있을 때, 학술지나 논문에서 발표되고 있는 내용을 토대로 적용성을 생각하기보다는 실제 다른 기업의 사례를 살펴보며 해당 기술력을 그대로 구현할 수 있는지를 고민하는 것이 현실적인 이야기일 수 있습니다.

4-2-3 ▶ 보유 데이터에 대한 과도한 기대감

분야와 조직을 막론하고 역할과 기대감에 따른 사람들의 인식 차이는 피할 수 없는 요소입니다. 스포츠 경기로 예를 들면, 사람들은 너무나도 쉽고 간단하게 프로 선수들의 플레이를 질책하곤 합니다. 작은 실수를 했을 때 어떻게 프로 선수가 저런 실수를 할 수 있느냐며 질책을 하기도 하고, 본인이 응원하는 팀의 경기가 풀리지 않을 때면 전반적인 경기 운영의 방향성을 언급하며 이를 답답해하기도 합니다. 물론 실제 프로 선수들은 매 순간 최선을 다하고 있을 확률이 높으며, 관객들이 보기에 쉬워 보이는 동작 몇 개일지라도 실제 승부가 이루어지는 순간에서 이를 완벽히 해내는 것이 어려움은 누구든 다 알고 있을 것입니다.

이렇듯 사람들의 인식 차이는 조직 생활에서도, 특히 빅데이터 분야에서는 더욱 뚜렷이 드러나기 마련입니다. 전반적으로 데이터로 사업을 구상하는 사람이 있다면, 실제로 코딩을 통해 데이터를 분석하고 모델을 개발하는 사람이 있습니다. 이러한 차이는 조직의 차이에서 기인할 수도 있으며 때로는 직급의 차이에서 기인할 수도 있습니다. 다만, 실제로 코딩을 통해 데이터를 직접 보지 않고 다루지 않는 사람들이 많이 하는 착각 중 하나가 우리가 가지고 있는 데이터가 매우 활용 가능성이 높은 훌륭한 데이터라고 생각하는 것입니다.

[그림 2-4-6]

빅데이터는 때때로 자연스럽게 생기기도 하며, 때로는 피땀 나는 노력을 통해서 구해지기도 합니다. 그리고 최근에는 빅데이터의 중요성이 워낙 강조되고 있는 만큼 많은 기업들이 데이터 확보에 열을 올리고 있는 것이 사실입니다. 상황이 이런 만큼 데이터를 확보하고자 노력했던 많은 사람들은 그 데이터에 애정 혹은 막연한 기대감을 가지기 쉽습니다. 기존에는 없던 새로운 빅데이터가 구축된 만큼, 새로운 사업 가능성이 열리거나 적어도 기존의 의사결정을 빅데이터 기반으로 합리적으로 진행할 수 있을 것이라는 기대를 하기 마련입니다. 하지만 앞서 말한 것처럼 빅데이터와 인공지능은 모두 만능이 아닙니다. 그 활용성을 정확히 예측할 수도 없을뿐더러, 때로는 아예 무용지물이 되는 경우도 많습니다.

그렇기 때문에 확보에 많은 노력이 들어 애정이 생기더라도 냉철하고 현실적으로 보유한 데이터의 활용 가능성을 파악할 줄 아는 것도 중요한 능력이 될 수 있습니다. 우리의 데이터로 실현 가능한 영역이 무엇인지, 사업 목표를 이루기 위해 지금 데이터에서 보완을 해야 하는 점은 무엇인지 정확히 파악할 줄 안다면, 빅데이터 시대에서 그 누구보다 한걸음 앞선 경쟁력을 가진 사람이라고 평가할 수 있습니다.

생각해 볼 거리

사회적으로 빅데이터를 강조하면서 많은 기업들이 데이터 확보에 열을 올리고 있습니다. 그렇게 새롭게 확보한 데이터를 기반으로 다양하고 새로운 활용성을 보여 주는 것도 분명한 사실입니다. 분석할 수 있는 충분한 데이터가 있어야 빅데이터 기반의 의사결정을 내릴 수 있고, 이를 활용하여 인공지능 모델도 생성할 수 있습니다. 따라서 데이터 확보에 노력을 기울이는 이 모든 절차는 빅데이터 시대를 살아가는 데 있어 타당하다고 볼 수 있습니다.

하지만 빅데이터를 제대로 활용하기 위해서 데이터 확보에만 모든 노력이 집중되어야 하는 것은 아닙니다. 데이터 분석가 혹은 데이터 과학자가 실제로 업무를 하면서 가장 난감한 순간 중 하나는 바로 데이터의 품질이 형편없을 때입니다. 즉, 우리의 생각보다 데이터는 그 자체로 완벽하지 않으며 데이터마다의 품질도 차이가 있으며, 이 때문에 당연히 데이터마다 활용성에도 큰 차이가 나기 마련입니다. 즉, 한 번 데이터를 확보하는 데 그치지 않고 이를 적용하고 분석하기 위해 데이터를 보완하는 작업 역시 데이터 확보에 못지않게 중요하다고 할 수 있습니다. 이를 조금 다르게 표현해 보면, 데이터 확보만큼 데이터의 유지, 보수도 매우 중요한 활동입니다.

다만 새롭게 데이터를 확보하는 것과 대비하여 전반적인 사회 분위기는 데이터의 유지 및 보수에는 그다지 큰 신경을 쓰고 있지 않습니다. 모든 일에는 기승전결, 즉 시작과 중간, 끝이 있습니다. 이는 데이터 분야에도 마찬가지입니다. 데이터 확보는 그 시작에 불과할 뿐입니다. 속한 조직에서 빅데이터를 더욱 활발하게 이용하고자 한다면 데이터를 확보하는 것뿐 아니라 해당 데이터를 활용하기에 문제점은 없는지, 있다면 이를 보완하기 위해 어떤 행동을 취할 수 있는지를 지속적으로 체크해야 합니다. 데이터는 확보를 목표로 하는 대상이 아닙니다. 단순 확보만으로 데이터는 값어치를 하지 않습니다. 데이터를 통해 분석 혹은 모델의 개발 등이 완료될 때 비로소 데이터의 가치가 빛날 수 있습니다.

4-3 빅데이터 상태 점검하기

21세기에 들어서서 데이터의 양은 말로 표현하기도 힘들 정도로 방대해졌습니다. 이는 지금의 시대를 빅데이터 시대로 만든 가장 큰 원동력이기도 합니다. 하지만 이 세상에 존재하는 모든 빅데이터를 그 즉시 활용 가능하다고 볼 수는 없습니다. 아무런 숫자가 몇 개 적혀진 것을 활용하기 좋은 빅데이터라고 말하기는 힘듭니다. 결국, 빅데이터의 상태를 점검하고 이를 바탕으로 빅데이터에 대한 활용성을 기대하는 것이 타당합니다. 빅데이터 상태는 크게 데이터의 양, 질, 환경이라는 3가지 축으로 점검해 볼 수 있습니다.

4-3-1 ▶ 데이터의 양 점검

앞선 Part I 의 1장에서 스몰데이터에 대비한 빅데이터의 장점과 중요성을 살펴보았습니다. 요약하자면, 데이터의 양이 많다는 것은 그 자체로 높은 신뢰성을 의미했으며 특히 최근 더더욱 각광받고 있는 인공지능 기술의 구현을 위해서는 데이터의 양이 절대적으로 중요했습니다. 따라서 빅데이터의 상태를 점검할 때 자연스럽게 가장 먼저 확인해야 하는 일 중 하나는 바로 데이터의 보유량이 얼마나 되는지를 파악하는 것입니다. 여기서 말하는 데이터의 양은 데이터의 크기, 데이터의 종류, 데이터의 다양성을 모두 일컫는 용어입니다. 점차 빅데이터 시대로 변화해 가는 것을 고려한다면, 당연히 크기가 큰 데이터를 다양하게 보유하는 것이 가장 이상적이라고 할 수 있습니다.

[그림 2-4-7]

먼저 데이터의 크기 측면에서 생각해 보면, 수용 가능한 저장 공간이 충분하다는 전제하에 데이터는 무조건 큰 사이즈인 것이 좋습니다. 데이터의 크기가 크다는 것은 말 그대로 스몰데이터가 아닌 빅데이터로 부를 수 있는 데이터라는 것을 의미합니다. 엑셀에서 데이터를 여는 것으로 생각해 보면, 데이터가 1,000행 있는 것보다는 2,000행 있는 것이 더 좋으며 2,000행 있는 것보다는 20,000행의 데이터를 보유한 것이 더 좋습니다. 데이터의 크기가 크다면 꼭 알고 있어야 하는 특정한 패턴이 데이터에 담겨 있지 않을 확률이 매우 낮기 때문입니다. 또한 1,000행의 데이터를 분석한 것과 100,000행의 데이터를 분석한 것은 그 결과를 설명할 때 그 자체로 많은 차이를 만들어 내기도 합니다.

다만, 여기서 한 가지 주의할 점은 데이터의 크기 관점에서 데이터의 양을 살펴볼 때는 실제로 사용 가능한 데이터의 양에 집중해야 한다는 것입니다. 다시 한번 말하지만 이 세상에 존재하는 데이터 중에는 활용하기 힘든 데이터가 정말 많습니다. 이는 단일 데이터를 살펴보더라도 마찬가지입니다. A라는 사람에게서 관측된 구매 이력 데이터는 정말 유용하게 사용할 수 있는 반면, 같은 원천과 같은 배경에서 수집된 B라는 사람의 구매 이력 데이터는 사용성이 아예 없을 수 있습니다. A라는 사람에게서 파생된 데이터는 데이터 자체에 오류도 없고 모든 항목이 꼼꼼히 채워질 수 있지만 B라는 사람에게서 파생된 데이터는 그렇지 않을 가능성이 있기 때문입니다. 즉, 실제 데이터 분석가 혹은 데이터 과학자가 데이터 활용을 위해 데이터 정제를 마쳤을 때 데이터의 양이 얼마나 되느냐가 관건이라고 할 수 있습니다.

데이터의 크기 다음으로 데이터의 양을 볼 때 데이터의 종류와 다양성 역시 중요한 하나의 평가 잣대입니다. 당연한 말일 수 있지만 동일한 종류의 데이터만을 보유하는 것보다는 다양한 종류의 데이터를 보유하고 있는 것이 좋습니다. 하나의 프로젝트를 위해서는 하나의 데이터 셋만이 필요할 수 있지만 다양한 목표로 활발하게 데이터를 분석하다 보면 실제 사람들의 생각이나 행동 패턴이 담긴 여러 측면의 데이터가 필요하기 때문입니다. 그때그때 상황에 맞는 데이터를 사용해 적절한 분석 결과를 내놓는 것이 모든 데이터 분석가의 목표라고 할 때, 이를 뒷받침할 수 있는 다양한 종류의 데이터가 받쳐 주어야 합니다.

특히 단일 데이터 셋으로 단일 모델을 생성하는 경향이 짙은 인공지능(딥러닝) 분야에서는 이것이 더욱 중요할 수 있습니다. 예를 들어, 챗봇을 만들기 위해 사용한 텍스트 데이터 셋은 사용자의 얼굴 인식 인공지능을 개발하는 것에는 이용할 수 없습니다. 사용자의 얼굴을 인공지능을 통해 구별하고자 한다면, 텍스트 데이터가 아닌 사람 얼굴의 데이터가 최대한 많이 필요합니다. 최근 여러 데이터 셋을 동시에 활용하는 인공지능 분야의 연구가 활성화되고 있기는 하지만 아직은 그 활용처에 한계가 명확합니다. 물론 인공지능을 구현하기 위해 크기가 큰 데이터 셋 역시도 정말 중요한 요소입니다. 하지만 하나의 특정 인공지능 모델이 아니라 여러 인공지능 모델을 구현하고 이를 종합적으로 활용하고자 한다면, 다양한 종류의 데이터 셋을 확보하는 것이 가히 필수라고 할 수 있습니다.

이러한 데이터의 양과 관련된 특성을 종합했을 때 내가 보유한 데이터의 양은 어느 정도라 한마디로 딱 일컫는 것은 매우 어려운 일임을 알 수 있습니다. 데이터를 몇 개 보유하고 있다고 쉽게 표현해 볼 수도 있지만, 실제로 그 안에서 활용 가능한 데이터의 수는 매우 적을 수도 있으며 그 데이터들이 또 얼마나 다양한 종류의 데이터로 구성되어 있는지는 알 수 없습니다. 즉 빅데이터 시대를 현명하게 살아가고자 한다면, 실제로 분석에 활용 가능한 데이터는 얼마나 있으며, 데이터의 종류 측면에서 몇 종류 혹은 몇 가지의 데이터를 가지고 있는지를 이야기할 줄 알며, 보유 데이터 중 정형(수치형) 데이터와 비정형(텍스트, 이미지 등) 데이터의 비율은 어느 정도인지 설명할 줄 아는 것이 바람직합니다.

생각해 볼 거리

최근 있었던 인공지능 모델의 개발 중에서 가장 눈에 띄면서도 많은 시사점을 가져다주는 인공지능 모델 중 하나는 바로 GPT-3(Generative Pre-trained Transformer 3)입니다. 앞서 언급하였듯 최근 많은 주목을 받고 있는 ChatGPT 역시 GPT-3 모델에 기반을 하고 있습니다. 간단히 설명하자면 GPT-3는 텍스트를 생성하는 인공지능입니다. 인공지능과의 대화, 시나리오 작성 등 인공지능의 발전을 위해 인공지능으로 하여금 텍스트를 생성하게 하는 것은 매우 중요한 일 중 하나입니다. 그리고 GPT-3는 이 텍스트 생성을 위한 인공지능 분야에서 눈에 띄는 성장을 이끌어 낸 모델입니다. 최근 ChatGPT가 보여주고 있는 놀라운 정도의 자연스러운 작문 실력과 질문에 대답하는 능력은 인공지능의 텍스트 생성 능력이 매우 높은 수준에 도달하였음을 의미하기도 합니다.

다만 ChatGPT의 원시 모델이라고 볼 수 있는 이 GPT-3 모델의 흥미로운 점은 바로 알고리즘적으로 별다른 특이한 사항이 없다는 점입니다. 보다 복잡한 모델이나 알고리즘을 이용한 것이 아님에도 GPT-3는 텍스트 생성 분야에서 눈에 띄는 발전을 이루어 냈습니다. 그리고 이러한 발전의 비결에는 데이터의 양이 있었습니다. 즉, 이전에 존재하던 알고리즘을 그대로 이용하는 대신 인공지능의 학습에 사용되는 데이터의 양을 기하급수적으로 늘려 새롭게 모델을 발표한 것입니다.

사실 기존에도 데이터의 양이 인공지능 분야에 중요한 역할을 하는 것은 모두 알고 있었습니다. 이전에도 인공지능에 대해 조금이라도 공부를 한 사람이라면 수준 높은 인공지능 모델을 개발하기 위해 많은 양의 데이터를 이용하는 것이 중요하다는 것은 누구나 알고 있었습니다. 하지만 기존 인공지능 전문가조차 GPT-3와

Chapter 4 빅데이터 유의사항   **149**

ChatGPT가 이렇게까지 정밀한 인공지능의 모습으로 탄생할 것을 예상하지는 못했을 것입니다. 왜냐하면 이전까지는 초대용량의 빅데이터를 인공지능 모델에 제대로 이용을 한 사례가 없기 때문입니다. 어쨌거나 우리는 엄청난 양의 빅데이터를 인공지능 모델에 학습시킨 그 결과가 상상 이상의 것이었음을 GPT-3와 ChatGPT를 통해 다시 한번 배울 수 있었습니다. 결국 인공지능 분야에서 빅데이터가 중요하다는 말은 많이 들어보았지만 실제로 이 사실을 피부로 체감시켜 준 것이 바로 GPT-3였습니다.

그리고 인공지능 분야에는 Fine-Tuning(미세 조정)이라는 기술이 존재합니다. Fine-Tuning이란 기존에 학습되어 있는 인공지능 모델을 세부 목적에 맞추어 미세하게 다시 학습을 진행해 조정하는 과정을 의미합니다. 결국 Fine-Tuning을 이용한다면 특정 인공지능 모델을 세부적으로 특화된 기능을 가진 인공지능 모델로 발전시키는 것이 가능합니다. 매우 방대한 양의 데이터로 인공지능의 기본 뼈대를 만들고(GPT-3), 이를 실제 활용할 수 있도록 특정 분야에 미세 조정하여 여러 인공지능(ChatGPT)을 탄생시킬 수 있습니다. 즉, 초대용량의 데이터를 이용하여 수준 높은 인공지능을 만드는 것은 우리가 생각하는 것보다 그 활용성, 확장성이 우수할 수 있습니다.

이러한 사실 때문에 GPT-3의 발전은 거대 기업들이 엄청난 양의 데이터 셋을 활용해 탄생시킨 초거대 AI에 집중하도록 만들었습니다. 구글, 메타, 마이크로소프트 등 글로벌 기업들뿐 아니라 SKT, 네이버, LG 등 국내 기업들 역시 초거대 AI를 탄생시키는 데 노력을 기울이기 시작했습니다. 빅데이터 보유량이 하나의 경쟁력이 되고 있는 세상에서 어떤 기업들이 데이터 확보에 용이한지, 그리고 이 대결의 승자는 과연 어떤 기업이 될 것인지, 이 대결의 향후 양상은 어떻게 될 것인지를 고민하고 생각하는 것은 인공지능 분야의 미래를 예측할 수 있는 중요한 요소가 될 수 있습니다. 즉, 미래 인공지능 분야의 매우 중요한 키워드 중 하나가 바로 대용량의 데이터 확보이며 앞으로는 데이터 확보에 매우 많은 이해관계자들이 경쟁할 것임을 예측할 수 있습니다.

그리고 GPT-3와 ChatGPT 사례를 통해 알 수 있는 미래 인공지능 발전의 또 다른 키워드는 바로 Fine-Tuning에 기반한 '실제 활용'입니다. 사실 GPT-3 역시 출시되자마자 놀라울 정도의 모델 성능 때문에 많은 주목을 받았습니다. 하지만 ChatGPT가 받은 주목은 GPT-3와는 비교도 되지 않을 정도로 어마어마합니다. 다시 한번 말하지만 ChatGPT는 GPT-3에 기반하였습니다. GPT-3를 '채팅' 기능에 특화하여 미세 조정한 결과물이 ChatGPT입니다. ChatGPT는 GPT-3 인공지능을 Fine-Tuning을 통해 조정하였으며 여기에 사용자들이 이용하기 편한 UX를 덧붙였을 뿐입니다. 그렇다는 것은 앞으로 ChatGPT뿐 아니라 다른 기능에 특화된 인공지능이 얼마든지 우후죽순처럼 쏟아질 수 있음을 의미합니다.

결국 앞으로는 인공지능을 어디에 어떻게 활용할지에 대한 창의적인 아이디어 혹은 만들어진 인공지능을 더 잘 이용하는 것의 중요성이 더욱 높아질 수 있습니다. 이미 프롬프트 엔지니어(Prompt Engineer)라는 직업의 사람들은 ChatGPT를 더욱 잘 사용하기 위해 노력하기 시작했으며 그 가치 역시 인정받기 시작했습니다. 결국 인공지능 모델에 대한 활용법, 활용안이 앞으로의 인공지능 시대에 또 다른 중요 키워드가 될 것입니다. 결국, 인공지능 모델을 잘 활용하기 위해서는 적어도 기본적인 인공지능 모델의 구현 원리를 잘 알아야 합니다. 그리고 그러한 구현 원리 안에는 인공지능 모델 속에 숨어 있는 빅데이터의 중요성을 인식하는 것 역시 포함됨을 반드시 명심해야 합니다.

4-3-2 ▸ 데이터의 질 점검

이 세상에 존재하는 데이터를 10가지라고 가정했을 때, 실제로 분석이나 모델 개발에 활용되는 데이터는 1건이 채 되지 않을 것입니다. 이는 단순히 이 세상에 너무 데이터가 많기 때문만은 아닙니다. 단순히 이 세상에 데이터가 많은 것을 넘어 존재하는 그 수많은 데이터들의 질 측면에서 문제가 있는 경우가 많기 때문입니다. 그렇기 때문에 빅데이터의 상태를 점검함에 있어 데이터의 양뿐 아니라 보유한 데이터가 품질 측면에서도 우수한지를 지속적으로 파악하는 것은 매우 중요한 일이라고 할 수 있습니다. 그리고 데이터의 품질은 다시 눈에 보이는 측면의 품질과 눈에 보이지 않는 측면의 품질로 나누어 생각해 볼 수 있습니다.

[그림 2-4-8]

눈에 보이는 측면의 품질은 말 그대로 정량적이고 체계적인 관리 방법을 통해서 데이터의 문제점을 파악할 수 있는 차원의 데이터 품질을 의미합니다. 그리고 다행히 품질 측면에서 문제가 있는 데이터는 눈에 보이는 차원에서 단점이 있는 경우가 많습니다. 때때로 데이터에 제대로 된 값이 삽입되어 있지 않고 비어 있는 경우가 있을 수 있으며, 비정상적인 숫자가 기록된 데이터가 있을 수도 있습니다. 또한 있어서는 안 될 수치나 값이 데이터에 삽입되어 있는 경우도 충분히 상상 가능합니다. 이를 조금 더 전문적인 용어로 바꾸면 순서대로 결측 데이터, 데이터 이상치, 데이터 오류라고 합니다.

반면, 정량적으로 파악하기는 힘들지만 데이터 활용 목적에 따라 전혀 사용이 불가능한 데이터가 있을 수 있습니다. 이러한 데이터를 학술적으로 일컫는 용어가 따로 존재하는 것은 아니지만 이를 눈에 보이지 않는 차원의 데이터 품질 정도로 정리해 볼 수 있습니다. A 프로젝트에는 너무도 유용하게 사용되었던 데이터가 B 프로젝트에는 전혀 의미가 없을 수 있습니다. 이는 해당 데이터의 구조적인 문제라기보다는 데이터가 담고 있는 내용 측면에서 그 문맥이 각자 다를 수밖에 없는 것에 기인합니다. 즉, 데이터의 품질은 상황에 따라 가변적인 성격을 지니고 있음을 이해하고 최대한 다양한 상황에 대비할 수 있는 품질을 가진 데이터를 확보하는 것이 중요하다고 할 수 있습니다.

물론 상황에 따라서는 눈에 보이는 측면의 품질로는 완벽하지만 그 어느 곳에서도 사용하기 힘든 낮은 품질의 데이터가 있을 수 있습니다. 이러한 데이터를 판별하는 것에는 어쩔 수 없이 수준이 높고 경험이 많은 빅데이터 전문가의 의견이 필요한 경우가 많습니다.

> **│생각해 볼 거리**
>
> 결측 데이터, 데이터 이상치, 데이터 오류 등 눈에 보이는 측면에서의 데이터 품질은 비단 데이터 관리뿐 아니라 데이터 분석에서도 중요하게 다뤄지는 개념 중 하나입니다. 실제로 빅데이터를 분석하다 데이터 결측이나 이상치를 발견하면 해당 데이터를 어떻게 처리해야 하는지에 대한 어느 정도의 매뉴얼이 존재하기도 합니다. 하지만 처리 방법에 어느 정도 정답이 있기에 눈에 보이는 측면의 품질 이상을 너무 쉽고 가볍게 여기는 경향이 존재하기도 합니다. 처리 방법에 정답이 있는 만큼 굳이 품질 이상을 보이고 있는 데이터를 따로 관리하지 않는 경우도 많습니다.
>
> 하지만 데이터를 관리하기 위한 비용, 분석에 들어가는 공수 등을 생각하면 이는 절대 가벼이 여길 수 있는 문제가 아닙니다. 간단히 생각했을 때, 비어 있는 데이터(결측 데이터)가 무수히 많이 쌓이고 있다면, 해당 데이터는 사용성은 떨어지지만 이를 저장하기 위해 저장 자원은 계속 사용해야 합니다. 즉, 필요 없는 비용이 지속적으로 발생될 수 있다는 것을 의미합니다. 또한 실제로 빅데이터를 분석할 때도 데이터 분석가나 데이터 과학자는 데이터의 매우 많은 측면을 신경 써야 합니다. 이때 데이터 품질로 인해 문제가 생기고 이를 해결하기 위해 시간을 쏟는 것 자체로 빅데이터 프로젝트를 진행함에 있어 충분히 차질이 생길 수도 있습니다.
>
> 결국 쉽게 파악할 수 있다고 해서 눈에 보이는 측면의 데이터 품질에서 파생될 수 있는 문제를 간단히 생각하면 안 됩니다. 특히 데이터 관리자의 입장에서 이는 더더욱 중요한 문제입니다. 쉽게 보인다는 것은 지속적으로 관리를 해야 한다는 것을 의미하며 그럼에도 불구하고 추후 같은 품질 문제가 데이터에서 발견된다면, 이 책임은 전적으로 데이터가 아닌 사람에게 있다는 것을 의미하기 때문입니다. 데이터 친화적인 문화를 형성하고자 한다면, 노력을 통해 해결 가능한 데이터 문제는 확실히 해결하고 가는 것이 바람직합니다.

4-3-3 ▶ 데이터의 환경 점검

빅데이터의 상태를 점검하는 그 마지막 차원에서는 빅데이터를 둘러싸고 있는 환경을 점검합니다. 이는 데이터 그 자체에 대한 양이나 품질을 평가하는 것을 넘어 데이터를 원활히 구축하고 사용할 수 있는 환경적 요건이 조성되어 있는지를 살펴보는 것을 의미합니다. 빅데이터를 제대로 활용하기 위해서는 데이터 자체를 제외하고 꽤나 많은 시스템이 필요하기 마련입니다. 단순히 데이터를 분석하기 위한 PC 관련 기기들을 보유하고 있는지 아닌지를 넘어, 데이터를 원활히 활용할 수 있도록 데이터 그 자체에 대한 정보나 데이터를 처리한 이력에 대한 내용이 정보화되어 있는지 등 생각보다 많은 환경이 구축되어 있어야 합니다.

[그림 2-4-9]

이러한 데이터 환경의 예로 데이터 수집 경로가 명확히 정리되고 있는지를 생각할 수 있습니다. 이 세상에는 엄청나게 많은 데이터가 존재하며 그 데이터는 각기 다른 수집 경로를 보이고 있습니다. 흔히 말하는 웹 크롤링[1]을 통해 데이터를 수집할 수

---

1. 웹 크롤링(Web Crawling): 자동화된 방법으로 웹상의 정보들을 탐색하는 행위

있으며, 설문조사를 통해서도 데이터를 수집할 수 있습니다. 그리고 대부분의 데이터는 그 수집 경로에 따라 어느 정도의 특성이 정해지기 마련입니다. 또한 데이터에 오류가 발견되었을 때에도 데이터의 수집 경로를 알고 있다면 이 오류가 어디서 기인하는지, 그리고 이 오류를 어떻게 해결해야 하는지에 대해 빠른 의사결정을 내릴 수 있습니다.

앞선 2장에서 살펴보았던 데이터 가공 정도 역시 마찬가지입니다. 지금 살펴보고 있는 데이터가 얼마나 사람의 가공을 거친 데이터인지에 따라 데이터를 실시간으로 분석하며 마주하게 되는 다양한 의사결정 과정의 결과가 달라지게 됩니다. 결국 데이터의 수집 경로를 포함해서 데이터의 가공 정도 등 데이터와 관련된 정보를 체계적으로 관리하고 저장하여 이를 빅데이터 전문가로 하여금 확인할 수 있는 환경을 잘 구축해 두어야 합니다. 이와 관련된 부분은 메타 데이터(Meta Data)라는 이름으로 많은 사람들의 관심을 사고 있는 영역이기도 합니다.

또한 데이터의 환경 측면에서 데이터의 상태를 점검할 때는 데이터 자체에 대한 정보를 확인하는 것뿐 아니라 적절한 인력이 분포되어 있는지 살펴보는 것도 매우 중요한 요소입니다. 빅데이터를 관리하고 분석하기 위한 단계마다 적합한 전문가가 배치되어 있는지, 특정 데이터를 보유하고 있을 때 그 데이터의 세부적인 정보를 알고 있어 이를 설명해 줄 수 있거나 따로 해당 데이터를 관리하고 있는 담당자가 배정되어 있는지 등은 모두 데이터 환경 측면에서 매우 중요한 요소입니다. 즉, 데이터의 환경 측면에서 데이터 상태를 점검할 때는 데이터 자체에 대한 정보화, 데이터 관련 인력들의 적절한 배치 등을 고려하는 것이 중요합니다.

> **|생각해 볼 거리**

앞서 빅데이터 전문가에는 데이터 엔지니어, 데이터 분석가, 데이터 과학자 등 다양한 유형의 사람들이 존재함을 확인했습니다. 하지만 데이터 엔지니어, 분석가, 과학자로 구분하는 것 외에 그 기준을 어떻게 삼는지에 따라 빅데이터 전문가는 훨씬 더 많은 가짓수로 분류될 수 있습니다. 빅데이터라는 하나의 생태계 안에 있는 다양한 종류의 전문가들은 단순히 이 분야를 어려워 보이게 만들기 위해 탄생한 것은 아닙니다.

오히려 이렇게 다양한 종류의 전문가가 존재한다는 것은 그만큼 빅데이터 하나를 위해 신경 써야 할 요소가 많다는 것을 의미할 수 있습니다. 만약 빅데이터의 상태를 점검하고 활용하는 것이 간단한 문제였다면 이렇게 다양한 종류의 전문가가 파생되었을 리 없습니다. 데이터를 수집하는 것, 수집한 데이터를 저장하고 관리하는 것, 저장된 데이터를 추출하고 분석하는 것, 데이터를 통해 인공지능 모델을 구현하는 것, 데이터의 상태를 점검하는 것 등 정말 다양한 활동이 빅데이터 생태계를 위해 필요하고 이 각각의 활동은 너무도 전문성이 뚜렷한 영역이라고 할 수 있습니다.

이러한 사실은 이해관계자마다 다른 시사점을 지닐 수 있습니다. 빅데이터 전문가로 성장하고 싶은 사람이라면 넓디넓은 빅데이터 생태계 안에서 어떤 세부 업무를 진행하고 싶은 것인지 뚜렷한 목표가 있어야 하며, 데이터를 제대로 활용하고자 하는 기업이라면 빅데이터 생태계를 정확히 이해할 수 있는 종합적인 안목이 필요하다는 것을 의미합니다. 빅데이터를 피할 수 없는 시대에서 데이터 수집부터 분석, 관리까지의 프로세스를 정확히 이해하는 것은 생각보다 더 중요한 일이 될 수 있습니다.

4-4 데이터에 속지 않기

빅데이터 유의사항에 대한 마지막 키워드는 바로 '데이터에 속지 않기'입니다. 우리는 살면서 많은 데이터를 마주칩니다. 그리고 우리가 마주할 데이터에는 단순히 숫자만 적혀 있지 않을 확률이 높습니다. 데이터를 표현한 시각 자료, 그리고 데이터를 분석한 보고서 자료 등 때로는 데이터를 가공한 채로 받아들여야 하며 때로는 데이터 분석가의 의견이 가미된 자료를 직면해야 합니다. 하지만 데이터가 가공되고 다른 사람의 의견이 가미될 때면 그 데이터에 틀린 정보 혹은 속임수가 가미되었을 가능성이 함께 상승하게 됩니다. 데이터가 사방에서 넘쳐나는 사회 속에서 현명한 판단을 하기 위해서는 이 수많은 데이터 중 잘못된 데이터에 속지 않고 진짜 사실과 정보만을 판단할 줄 아는 능력이 필요합니다.

4-4-1 ▶ 가짜 뉴스 판별하기

사람들이 데이터에 속는 가장 대표적인 사례로 가짜 뉴스의 예시를 생각해 볼 수 있습니다. 가짜 뉴스(Fake News)는 사람들의 흥미를 자극시키기 위하여 의도적으로 선정적인 허위 사실의 내용으로 구성된 뉴스를 뜻합니다. 쉽게 말해 가짜 뉴스는 악의적인 목적으로 누군가가 인위적으로 생성한 잘못된 정보의 뉴스입니다. 이미 우리는 가짜 뉴스의 존재와 심각성에 대해 알고 있습니다. 가짜 정보 기반의 뉴스가 만들어지고 이를 사람들에게 선동하여 정치, 문화 등 다양한 분야에서 악용이 되고 있는 현실입니다. 사람들이 정보를 얻는 장소 중 가장 접근성이 좋으면서 동시에 신뢰성이 높은 곳이 뉴스라는 매체임을 감안한다면, 잘못 퍼뜨려지고 있는 가짜 뉴스가 얼마나 위험한 존재인지 상상해 볼 수 있습니다.

[그림 2-4-10]

무엇보다 가짜 뉴스가 큰 문제를 야기할 위험성이 높은 이유는 바로 진짜 뉴스와 가짜 뉴스를 쉽게 구별하는 것이 힘들다는 점입니다. 이미 뉴스의 헤드라인이 자극적인 문장으로 채워지기 시작한 것은 오래되었으며 그렇기에 설령 가짜 뉴스라 할지라도 그 내용이 완전히 허위 사실인지를 판단하는 것은 어렵습니다. 즉, 사람들이 뉴스라는 같은 포맷의 정보를 시청한다 할지라도 그 속에 채워진 정보가 진짜인지 아닌지 판단하는 것이 어렵다는 것으로 해석을 해볼 수 있습니다. 이를 조금 바꿔 말하면, 데이터 속 진짜 정보를 찾아내는 것과 목적에 맞는 데이터를 수용하여 의사결정에 활용한다는 의미의 데이터 문해력을 떨어뜨리는 심각한 역할을 가짜 뉴스가 하고 있다는 점입니다. 따라서 우리는 악의적인 목적으로 생성되는 수많은 가짜 뉴스와 정말로 신뢰할 수 있는 진짜 뉴스를 구분하기 위한 최소한의 기준은 가지고 있어야 하며, 이는 비단 가짜 뉴스뿐 아니라 데이터를 접하게 되는 모든 매체에서 동일하게 적용할 줄 알아야 합니다.

가짜 뉴스를 포함하여 데이터의 사실 여부를 판별하기 위해서는 데이터를 표현하는 데이터에 대한 이해를 갖추어야 합니다. 이 세상의 데이터는 모두 각기 다른 형태로 저장되고 있지만 저장되고 있는 그 데이터를 표현하고 구조화하기 위한 데이터 역시 존재합니다. 이를 빅데이터 분야에서는 앞서 잠시 언급하였던 메타 데이터(Meta Data)라고 부르기도 합니다. 데이터를 표현하는 데이터라는 메타 데이터의 정의는 어려울 수 있지만 예시를 통해 이해를 한다면 메타 데이터의 개념은 그리 어렵지 않습니다. 하나의 기사를 생각해 보면 기사의 제목, 해당 기사를 발간한 신문사, 기사가 나온 날짜, 온라인에 발행된 기사라면 해당 기사의 조회 수 및 댓글 수에 대한 정보를 모두 데이터화할 수 있습니다. 기사라는 하나의 완결된 텍스트 데이터를 설명하는 이 수많은 요소들이 바로 메타 데이터라고 이해할 수 있습니다.

[그림 2-4-11]

메타 데이터에 대한 개념을 이해하고 향후 데이터를 살펴볼 때 메타 데이터를 유심히 관찰하는 습관을 들인다면 가짜 뉴스를 포함하여 데이터에 속는 경우를 많이 줄일 수 있습니다. 단적인 예를 들어, 유명 매체들이 아닌 처음 들어보는 이름을 가진 매체가 자극적인 제목을 통해 뉴스를 발간하고 있다면 가짜 뉴스에 대한 의구심을 가진 채 뉴스 기사를 읽어 볼 수 있습니다. 또한 뉴스가 발간된 날짜가 최근 주목받고 있는 이슈들에 대한 트렌드와 너무 다르다면 이 역시 의구심을 가져볼 수 있습니다. 메타 데이터를 바라보며 데이터를 바라보는 마인드 셋을 갖춘 채, 향후 이야기할 비판적 사고력을 곁들인다면 가짜 뉴스를 포함하여 데이터에 속아 잘못된 데이터 문화를 만드는 현상을 방지할 수 있습니다.

> **| 생각해 볼 거리**
>
> 자극적인 제목과 콘텐츠로 사람들을 선동하는 가짜 뉴스는 그 내용이 언뜻 보기에 실제 같아야 하며, 많은 사람들을 선동할 수 있을 정도로 자극적이어야 합니다. 하지만 가짜 뉴스를 악의적으로 생성하는 사람의 입장에서 생각해 볼 때 가짜 뉴스를 널리 퍼뜨릴 또 다른 방법 중 하나는 가짜 뉴스를 생성하는 AI를 만들어 대량의 가짜 뉴스를 생성하고 이를 일제히 배포하는 것입니다. AI 오남용의 대표적 사례라고 볼 수 있는

가짜 뉴스를 생성하는 AI는 생각보다 널리 퍼져 있는 상황입니다.

다만 가짜 뉴스를 생성할 만큼 많은 발전을 이룩한 AI 분야에는, 당연히 다른 AI가 만든 가짜 뉴스를 진짜 뉴스인지 가짜 뉴스인지 판별하는 기술 역시 개발되고 있습니다. 가짜 뉴스는 허위 정보를 만들어 내기에 그 문맥 자체에 특징이 있을 수밖에 없으며, 자극적인 문장을 사용할 수밖에 없습니다. 이러한 가짜 뉴스의 특징을 이용하여 가짜 뉴스를 판별하는 AI 역시 동시에 발전을 하고 있는 것입니다. 인간을 선동하기 위한 AI와 인간을 지키기 위한 AI가 하나의 작은 전쟁을 펼치고 있다고도 볼 수 있습니다.

이는 블랙 해커와 화이트 해커의 싸움과도 유사한 양상이라고 볼 수 있습니다. 해킹이라는 단어가 본래의 의미는 부정적인 것이 아니지만 그 기술을 악의적으로 사용하는 해커가 많기 때문에 사람들은 화이트 해커, 블랙 해커를 구분 지어 부르기 시작했습니다. 여기서 한 가지 분명한 점은 해킹이라는 기술이 이 사회에서 근절해야 할 나쁜 기술이 절대 아니라는 점입니다. 모든 기술은 어떤 사람이 어떤 목적으로 사용하는지에 따라 그 평가가 달라질 수 있습니다. 해킹과 AI 모두 사회에 꼭 필요하지만 악용이 될 우려가 너무도 많기에 우리가 많은 관심을 가지고 생각을 해봐야 할 요소입니다.

4-4-2 ▶ 그래프에 속지 않기

빅데이터는 말 그대로 정말 많은 데이터를 담고 있습니다. 그 양이 너무도 방대하기 때문에 사람들이 데이터를 일일이 들여다보며 해당 데이터의 현황을 파악하는 것은 사실상 불가능합니다. 이 때문에 많은 사람들은 데이터를 표현하기 위해 그래프를 사용하곤 합니다. 하지만 불행하게도 데이터의 시대에 반드시 사용되어야 하는 그래프라는 개념은 너무도 속임수를 가미하기에 쉬운 성격을 지니고 있으며, 실제로 그래프 하나로 많은 사람들은 데이터를 오해하는 상황에 놓이게 됩니다. 그리고 이러한 오해는 그래프를 읽는 사람의 단순한 실수로 발생한 것일 수도 있으며, 그래프를 제작한 사람이 의도적으로 속임수를 집어넣어 오해를 유도한 것일 수도 있습니다.

많은 회사는 자신들의 제품이나 서비스 혹은 연구 결과를 실제보다 더욱 훌륭한 것으로 소비자들에게 인식시키고 싶어 합니다. 그 과정에서 허위 광고 등 무리한 마케팅 활동이 많이 나오기도 합니다. 만약 그래프를 생성한 사람이 의도적으로 그래프

속에 속임수를 삽입하여 읽는 사람으로 하여금 오해를 만들었다면, 그 목적은 허위 광고를 진행하는 회사와 유사할 수 있습니다. 결국 몇몇 가지의 눈속임으로 사람들로부터 데이터를 잘못 이해하게 하려는 노력은 빅데이터 시대가 유지되는 한 꾸준히 지속될 확률이 높습니다. 따라서 우리는 잘못된 그래프에 속지 않도록 기본적인 지식과 마인드를 겸비해야 합니다. 그리고 잘못된 그래프에 속지 않기 위한 가장 쉬운 방법 중 하나는 그래프를 통해 사람들을 속이고자 할 때 사용하는 대표적인 속임수를 미리 숙지하고 있는 것입니다.

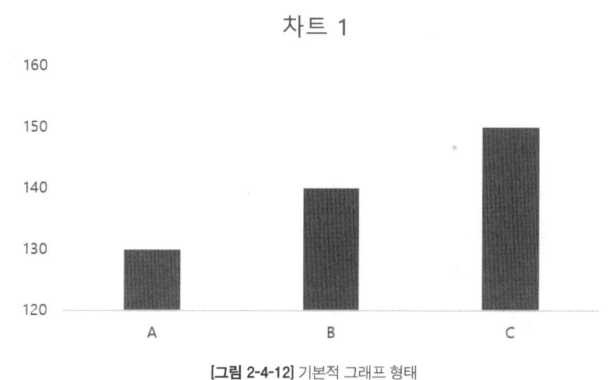

[그림 2-4-12] 기본적 그래프 형태

위 그래프는 엑셀 프로그램에서 'A: 130, B: 140, C: 150'이라는 숫자를 입력해 둔 후 그래프 기능을 이용하여 표현한 것입니다. 언뜻 보기에 이 그래프는 숫자를 적절히 표현해 주고 있는 것처럼 보입니다. A, B, C는 모두 10만큼의 숫자 차이가 있고 문득 생각했을 때 10이라는 간극을 적당히 표현할 만큼 A, B, C의 바(Bar) 길이가 형성되어 있기 때문입니다. 하지만 10이라는 숫자 차이는 그 데이터 문맥에 따라 매우 큰 영향을 끼칠 수도, 매우 작은 영향을 끼칠 수도 있습니다. 쉽게 생각했을 때, 그래프에 표시된 숫자의 단위가 mm인 것과 cm인 것은 우리가 느끼기에 많은 차이가 있습니다. 만약 위 숫자의 단위가 mm여서 실제로는 120, 130, 140의 차이가 매우 미미한 것이라면 그래프는 그 차이를 최대한 작아 보이도록 만드는 것이 옳습니다.

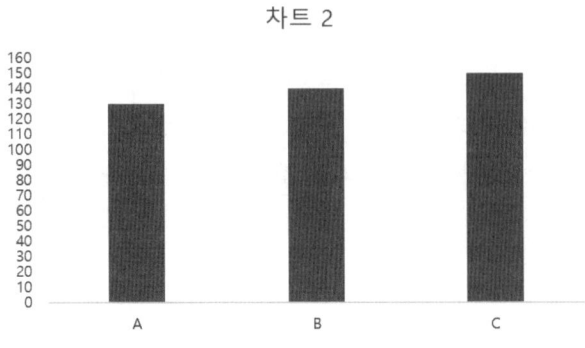

[그림 2-4-13] 기본적 그래프 형태(축값 변경)

위 그래프는 똑같은 120, 130, 140이라는 숫자를 표현했지만 y축의 값만 0을 시작으로 사용하여 그 차이를 미미하게 보이도록 바꾼 것입니다. 여기서 중요한 점은 완전히 같은 숫자일지라도 그래프를 만드는 사람이 어떤 의도를 가지는지에 따라 그 차이를 매우 커 보이게 만들 수 있으며 반대로 그 차이를 매우 작아 보이게 만들 수도 있다는 사실입니다. 기술적으로 이러한 시각적 효과를 바꾸는 것은 상당히 간단한 일이며 이를 감안했을 때, 사람들이 그래프를 만듦에 있어 어떤 방식을 취할지는 불 보듯 뻔하다고 할 수 있습니다. 따라서 빅데이터 시대를 살아가며 그래프를 바라봄에 있어서는 반드시 그래프에 표현되어 있는 시각화 자료의 크기에 매료되지 않고 상세한 구조를 살펴보아야 합니다.

💡 | 생각해 볼 거리

알고 보면 별것 아닌 숫자이지만 이를 과장해서 표현하기 위해 작위적으로 그래프를 조정하는 것은 이미 너무 많이 일어나고 있는 현상 중 하나입니다. 만약 특정 데이터 분석가가 악의적인 마음으로 그래프를 조작한다면 너무나도 변화무쌍한 다양한 그래프를 생성할 수 있습니다. 그렇다고 그래프를 완전히 무시하거나 사용을 하지 않기에는 빅데이터 시대를 살아가는 것에 그래프는 너무도 중요한 도구이기도 합니다.

따라서 우리는 그래프를 바라봄에 있어 주의해야 할 사항에 대해서 명확히 숙지해야 하며 이를 늘 염두에 두어야 합니다. 그리고 그래프를 주의해서 보기 위해서는 그래프의 구조에 대한 이해를 높이는 것이 필수입니다. 그래프를 이루고 있는 구조를 정확히 이해하고 있다면 그래프를 보는 것만으로 데이터의 많은 부분을 역추적할 수 있기 때문입니다. 그리고 그래프의 가장 중요한 구조는 바로 x축, y축이라는 두 가지 축이라고 볼 수 있습니다.

그래프의 x축과 y축은 순서대로 그래프의 가로 부분, 세로 부분이라고 이해를 할 수 있습니다. 우리는 이 축의 값이 어떻게 표현되어 있는지만 유심히 바라보아도 이 그래프에 이상한 점이 없는지 쉽게 파악할 수 있습니다. 그래프의 x축이 서로 연관성 있는 값들로 잘 채워져 있는지, 그래프의 y축은 축의 값이 0부터 시작하는지, 단위가 구간마다 다르지는 않은지 등을 살펴볼 수 있습니다. 물론 이 외에도 그래프에 속임수를 넣기 위한 방법은 무수히 많이 상상해 볼 수 있습니다. 그렇기에 우리는 늘 그 구조를 정확히 이해하고 데이터가 그래프를 통해 정확히 표현되고 있는지를 비판하는 자세가 필요합니다.

4-4-3 ▶ 비판적 사고력 가지기

모든 세대를 막론하고 비판적 사고력의 중요성은 꾸준히 강조되고 있습니다. 이는 앞으로 다가올 빅데이터 시대에 대해서도 예외는 아닙니다. 앞서 말했듯 빅데이터 시대의 부작용으로 가짜 뉴스나 잘못된 그래프 등 다른 사람을 속이고자 하는 목적의 현상이 많이 일어나고 있습니다. 아무리 이를 구분하기 위한 좋은 노하우가 많이 전파된다고 할지라도 비판적 사고력이 없다면 잘못된 정보 속에서 현명한 판단을 한다는 것은 사실상 불가능에 가깝습니다. 그리고 비단 잘못된 정보를 구분하기 위해서만 비판적 사고력이 필요한 것은 아닙니다. 옳은 정보일지라도 나에게 필요한 데이터, 통찰을 제공해 주는 데이터는 모두 다를 수 있으며 같은 데이터를 바라본다 할지라도 이를 평가하는 것은 사람마다 차이가 날 수밖에 없습니다. 데이터를 더 효율적으로 받아들이고 활용하고자 한다면 비판적 사고력은 가히 필수라고 볼 수 있습니다.

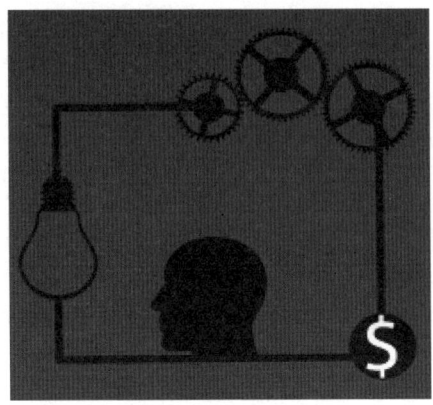

[그림 2-4-14]

예를 들어, 향후 인재 채용에 참고하기 위해 회사에서 직원들에 대한 데이터를 조사하는 것을 상상해 볼 수 있습니다. 어떠한 회사든 직원들의 데이터를 조사했을 때 그 데이터가 사회적 평균과 동일할 확률은 없습니다. 일반적인 사람들보다 특정 연령대가 더욱 많을 수밖에 없으며, 남성과 여성의 성비도 정확히 50%로 동일하지는 않을 것입니다. 다만 이것을 실제로 인재 채용에 참고를 한다면 잘못된 데이터 활용이 될 수 있습니다. 만약 특정 회사에 A 지역 출신의 사람들이 대부분이라고 할 때, 향후 채용을 진행함에 있어 A 지역 사람들을 의도적으로 채용한다면 이는 올바른 데이터 활용이라고 볼 수 없습니다. 즉, 데이터가 가진 전체적인 문맥과 그 활용 방안을 상상하며 비판적인 사고력을 지녀야 합니다.

데이터 분야에서 비판적인 사고력을 가지기 위한 방법은 크게 두 가지로 볼 수 있습니다. 하나는 중앙값, 사분위값, 표준편차 등 다양한 통계적 수치에 대한 이해도를 높이는 것입니다. 우리 사회는 은근하게 평균이 데이터를 대표하는 가장 좋은 수치이며, 특정 데이터의 비율을 살펴보는 것이 절대적인 데이터 파악의 방법이라고 여기는 경향이 있습니다. 하지만 비판적 데이터 사고력을 가지기 위해서는 평균과 비율을 살피는 것 외에도, 각 통계적 수치가 가진 개념을 명확히 이해하고 그 장점과 한계점까지 인지해야 합니다. 데이터 분야에서 비판적 사고력을 지니기 위한 두 번째 방법은 바로 데이터의 문맥을 이해하는 것입니다. 이 데이터가 어떤 과정으로 수집되었는지 그리고 향후 이 데이터는 어떤 장소에서 어떻게 활용될 예정인지에 대한 이해가 필요합니다. 데이터를 기반으로 의사결정을 할 때 데이터 문맥에 대한 정보가 판단을 함에 있어 또 하나의 중요한 근거가 되기 때문입니다. 데이터의 문맥을 정확히 이해한다면 진짜 데이터와 가짜 데이터를 구분하는 것, 우리에게 중요한 데이터를 판별하는 것은 자연스럽게 습득되는 능력이 될 수도 있습니다.

생각해 볼 거리

비판적 사고력은 빅데이터 시대뿐 아니라 어떤 시대가 도달하더라도 중요한 역량으로 자리 잡을 것임이 분명합니다. 이때 데이터와 연관을 시키지 않더라도, 비판적 사고력을 키우기 위해서는 어떤 노력을 기울이는 것이 좋을까요? 이에 대한 답을 하는 것은 상당히 어려운 일입니다. 비판적 사고력을 기르기 위한 방법에 절대적인 정답이 있는지에 대해서도 사람들의 의견은 많이 갈립니다.

어떻게 생각하면 비판적 사고력이라는 것은 하나의 능력이 아니라 마음가짐에 대한 이야기일 수 있습니다. 비판적 사고력을 기르는 방법이 뚜렷하지 않을뿐더러, 비판적 사고력을 지니겠다는 마음가짐을 두고 이것이 습관화된 사람이랑 그렇지 않은 사람 자체에 많은 차이가 존재할 수 있기 때문입니다. 어떤 이야기를 듣든 '왜? 어떻게?'와 같은 질문을 던지는 사람과 그렇지 않은 사람의 차이라고 이해할 수 있습니다. 이는 빅데이터 분야에서 필요한 비판적 사고력으로 범위를 좁히더라도 여전히 통용되는 이야기입니다.

이는 데이터를 비판적으로 받아들이기 위한 능력을 기울이는 것도 중요하지만, 어떻게 보면 비판적으로 데이터를 보겠다는 마음가짐을 가지는 것 그 자체가 더 중요할 수도 있음으로 연결됩니다. '이 데이터가 정말 사실을 표현하고 있는지'로 시작해 '이 정보를 어떤 방면에서 활용할 수 있을지', '데이터의 출처나 문맥에 대해 내가 놓치고 있는 부분은 없는지' 등을 꾸준히 고민하는 것이 곧 비판적 사고력 그 자체일 수 있습니다. 비판적 사고력이란 추상적이면서도 어려운 개념을 편히 받아들이는 것이 꽤 중요한 시작 포인트가 될 수 있습니다.

Chapter 4 빅데이터 유의사항

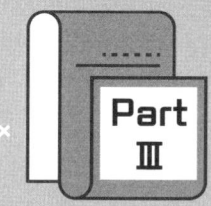

빅데이터에 대한 오해

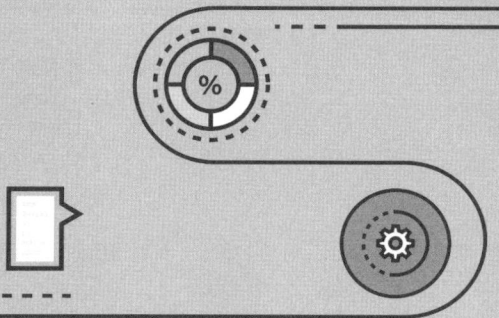

Part I과 Part II에서는 빅데이터 그 자체에 대한 이해를 하고 빅데이터 시대를 살아가는 데 필요한 내용들을 살펴보았습니다. 하지만 해당 부분을 통해 새롭게 알게 된 빅데이터 관련 지식과는 별개로 지금까지 빅데이터에 대해 가지고 있던 다양한 지식이나 관념들이 있을 것입니다. 그리고 그중에는 분명 잘못된 오해들이 존재합니다. 그리고 그런 오해는 더 현명하게 빅데이터 시대를 살아가는 데 분명한 장애물이 됩니다. Part III에서는 우리가 빅데이터에 대해 가지고 있는 오해들이 어떤 것이 있는지, 그리고 실제 사실은 어떠한지에 대해 살펴보며 빅데이터 시대를 똑똑하게 살아가기 위한 준비의 마무리를 지어보도록 하겠습니다.

Chapter 1
나에게 빅데이터는 어렵다.

Chapter 1
나에게 빅데이터는 어렵다

빅데이터와 인공지능은 어느덧 너무 친숙한 단어가 되었습니다. 하지만 아직 많은 사람들은 빅데이터와 인공지능이 매우 어려운 기술이라고 이해하고 있습니다. 물론 세부 분석 방법론이나 알고리즘을 이해하기 시작하면 빅데이터가 절대 쉽다고 말할 수는 없습니다. 하지만 필요 이상으로 빅데이터에 대해 높은 벽을 느낄 필요는 없습니다. 이 장에서는 사람들로 하여금 빅데이터를 어렵게 만드는 요인이 무엇이 있고, 그 안에서 우리는 어느 정도로 빅데이터를 이해하면 좋은지에 대해서 말해 보도록 하겠습니다.

1-1 빅데이터를 어렵게 만드는 요인

1-1-1 ▶ 3대 역량

앞선 Part Ⅰ의 2장에서 살펴보았듯, 빅데이터 분석가에게는 크게 프로그래밍, 통계학, 도메인 지식이라는 3가지 역량이 필요합니다. 하지만 생각해 보면 이 세 가지 모두 전문적인 지식을 습득하는 것은 매우 어려울 수밖에 없습니다. 프로그래밍, 통계학, 도메인 지식 모두 단일 지식으로의 가치가 매우 높은 만큼 이 중 하나라도 전문가 수준의 지식을 갖추는 것에는 많은 노력이 수반되어야 하기 때문입니다. 그래서 빅데이터와 연관된 이 3대 역량은 데이터를 배우고자 하는 사람에게 막연함을 안겨 주고 있습니다. '저 중 하나도 제대로 하기 힘든데 저 3개를 어떻게 다 통달하지?'라는 마음가짐이라고 생각할 수 있습니다.

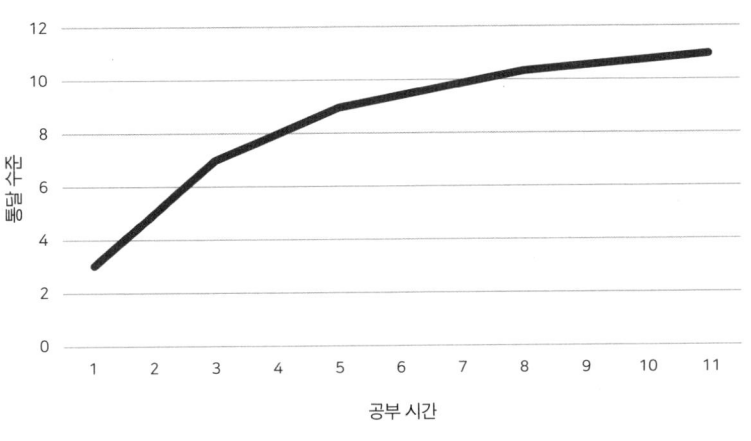

[그림 3-1-1] 성과를 위해 투입되는 시간

하지만 실제로 특정 개인이 프로그래밍, 통계학, 도메인 지식에 모두 전문가 수준의 지식을 갖출 필요는 없습니다. 조금 더 명확히 말하자면 애초에 3가지 역량에 대해 전문가 수준의 지식을 갖추는 것은 거의 불가능한 영역이라고도 할 수 있습니다. 이는 특히 데이터 전문가가 아닌 일반인에게 더욱 잘 들어맞는 말이라고 할 수 있습니다. 업무적으로 데이터 분석을 진행해야 하는 것이 아니고, 데이터 분석가와 함께 일하는 사람이거나 이따금씩 데이터 분석 결과 보고서를 마주할 일이 있는 정도의 사람이라면 3대 역량에 대한 모든 것을 공부해야 한다는 압박감을 느낄 필요가 전혀 없습니다.

실제로, 3대 역량 중 하나인 프로그래밍 역량은 데이터 분석가가 아닌 일반인의 입장에서는 전혀 걱정할 필요가 없는 영역입니다. 실제로 데이터를 다룰 필요가 없기 때문입니다. 다만, 통계학과 도메인 지식에 관련해서는 조금 이야기가 다를 수 있습니다. 데이터 분석가가 진행하는 대부분의 분석 내용은 통계적 분석 기법일 확률이 높습니다. 그래서 전반적인 기법들의 정의와 목적 수준은 알고 있는 것이 좋습니다. 물론 데이터 분석가와 마찬가지로 통계 기법 하나하나의 세부 알고리즘을 모두 알고 있을 필요는 없습니다. 마지막으로, 도메인 지식의 경우 일반인의 입장에서 가장 중요한 역량이라 할 수 있습니다. 특히 데이터 분석가와 협업을 해야 하는 사람이라면 이 데이터 분석 결과가 실제 비즈니스 상황에 어울릴 수 있는지, 해당 분석 결과가 실제 사업 활용에 유의미한 활용성을 제공할 수 있는지 깊게 고민할 줄 알아야 합니다.

> **생각해 볼 거리**
>
> 결론적으로 데이터 전문가가 아니라면 기초 수준의 통계적 지식에 더불어 도메인 지식에만 집중을 해도 충분히 데이터를 바라보는 눈을 향상시킬 수 있습니다. 하지만 데이터 전문가가 되고자 하는 사람이라면 이야기는 달라집니다. 일반적인 사람들과 같이 각 통계 기법의 정의만 파악하거나 도메인 지식에만 집중한다면 빅데이터 전문가로서 커리어를 쌓아가는 데 어려움이 생길 수 있습니다.
>
> 이러한 상황 속에서 빅데이터 전문가가 되고자 하는 사람에게 가장 현실적인 답은 3개의 역량 중 1~2개의 강점을 만드는 것이 될 수 있습니다. 3개의 커다란 역량 중 프로그래밍적으로 특화된 역량을 지니거나, 통계학에 특화된 역량을 지니는 상황을 상상해 볼 수 있습니다. 앞서 언급하였듯 아무리 빅데이터 전문가라 할지라도 3가지의 역량에 모두 전문가 수준의 지식을 갖춘 사람은 매우 드뭅니다. 이 때문에 3대 역량 각각에 강점이 있는 사람들을 모아 팀을 꾸리는 것이 데이터 분석 프로젝트의 대표적인 형식인데, 이 상황 속에서 특화된 역량이 있다는 것은 빅데이터 전문가로서의 가치를 한껏 상승시키는 효과를 줄 수 있습니다.
>
> 다만 아무리 특화된 역량을 갖추는 것에 초점을 맞춘다고 할지라도 빅데이터 전문가에게 3대 역량이 모두 중요하다는 사실을 잊어서는 안 됩니다. 간혹 빅데이터 전문가 사이에서도 프로그래밍에 특화된 사람, 도메인 지식에 특화된 사람들 등을 상대적으로 경시하는 사람들이 있습니다. 하지만 이 역량들은 모두 의미 있는 데이터 분석 결과를 만들기 위해서 필수라는 사실을 염두에 둔 마음가짐이 필요합니다.

1-1-2 ▶ 인공지능 알고리즘

최근 인공지능 모델은 대부분 딥러닝 알고리즘을 활용해 만들어지고 있습니다. 딥러닝을 이용한 인공지능 모델 생성이 역사적으로 인공지능 구현을 위해 시도했던 다른 방법들에 비해 너무나도 좋은 성능을 보여 주고 있기 때문입니다. 하지만 이 딥러닝 알고리즘이라는 것을 제대로 이해하는 것은 너무나 어려운 일입니다. 그 구조를 정확히 파악하기 위해서는 너무나도 많은 수학 산식과 통계 개념, 컴퓨터 프로그래밍 지식을 가지고 있어야 하기 때문입니다. 그래서 딥러닝 알고리즘을 이해하는 것은 어렵다는 생각이 생기게 되고 이는 다시 인공지능은 어렵다는 인식을 쌓아가게 만듭니다.

실제로 딥러닝에 대해 깊이 공부하고 이해도를 높이는 것은 전문가에게도 쉬운 일이라고 볼 수 없습니다. 하지만 일반인의 입장이라면 이야기가 달라집니다. 인공지능에 대해 공부를 하는 것이 관련 직종에 종사하는 사람이 아닌 일반인이라면 두 가지 질문에의 답을 선행해야 합니다. 인공지능에 대해 왜 이해하고 있어야 할까?와 인공지능에 대해 얼마나 이해하고 있어야 하는 것일까? 입니다. 사회 전체의 트렌드를 감지하고 이를 활용할 줄 아는 능력을 지닌다는 의미에서 인공지능 공부는 분명 필요합니다. 하지만 이것이 곧 딥러닝 알고리즘을 배워야 한다는 뜻이라고 볼 수는 없습니다. 딥러닝 알고리즘의 개념적 원리, 장점 및 단점, 실제 적용 사례들만 알아도 우리는 사회를 보는 안목을 충분히 바꿔 갈 수 있습니다. 그리고 딥러닝 알고리즘에 대한 개요를 살펴보는 데에는 우리의 예상보다 적은 시간만이 필요할 수도 있습니다. 모든 일이 그렇듯 기초만 배우고자 목표를 삼고 있다면 많은 노력을 기울이지 않아도 이를 성취해 낼 수 있기 때문입니다.

[그림 3-1-2]

따라서 일반인의 입장에서는 깊은 수준으로 인공지능을 이해할 필요가 절대 없습니다. 앞서 언급한 개념적 원리, 장단점, 적용 사례 등이 인공지능에 대해 알아 두면 충분한 내용이라고 할 수 있습니다. 그리고 다행히도 해당 수준으로 인공지능에 대해 알아 가는 것은 그리 어려운 일이 아니며 인터넷 검색을 통해서도 충분히 습득 가능한 수준입니다. 이를 감안한다면, 인공지능을 공부하는 것이 어려울 것이라고 지레 짐작하여 빅데이터 및 인공지능에 대한 이해를 완전히 포기하는 것은 최대한 지양해야 합니다.

💡 | 생각해 볼 거리

날이 갈수록 더 빠른 발전 속도를 보여 주고 있는 존재인 인공지능은 만능일까요? 아니면 반대로 인공지능은 겉보기에만 좋을 뿐이며 실제론 활용도가 전혀 없는 존재일까요? 당연한 말이겠지만 인공지능은 만능도 아니고 그렇다고 활용도가 떨어져 우리 일상에 필요가 없는 기술이라고 볼 수도 없습니다. 즉, 인공지능 기술에 대한 기대감에는 적정한 수준이라는 것이 존재합니다. 인공지능은 훌륭히 우리 삶 안에 공존하기 시작했으나, 인공지능이라고 인간이 하는 모든 일을 다 처리할 수는 없기 때문입니다.

그리고 인공지능 기술에 대해 우리가 어느 정도의 기대감을 가지면 좋을지에 대해 정확히 알고자 한다면 인공지능 기술 자체에 대한 이해가 필수적입니다. 이따금씩 극단적인 생각을 가지고 있는 사람들은 인공지능에 대해 너무 낙관적이거나, 너무 비관적입니다. 예를 들어, 인공지능을 통해 1년 후 대박이 날 주식 종목을 반드시 찾을 수 있을 것이라 생각하거나 인공지능 제품을 써 봤더니 만족도가 좋지 않아 인공지능에 대한 모든 트렌드가 다 허황이 아니냐는 태도를 보여줍니다.

이렇게 인공지능에 대해 허망한 기대감과 비관적인 태도를 지니는 것은 모두 인공지능 기술의 현 상태를 정확히 이해함으로써 해결할 수 있습니다. 딥러닝 기술의 개념적인 원리만 알더라도 기술이 적용되지 않고 있지만 의외로 쉽게 인공지능 구현이 가능한 영역, 사람들이 큰 기대감을 가지고 있지만 현 기술로는 절대 불가능한 영역들을 쉽게 파악할 수 있습니다. 인공지능 기술에 대해 기초적인 학습을 진행하고 이를 우리 삶에 어느 정도로 활용할 수 있을지 생각하는 것이 인공지능 기술을 바라보는 데 가장 중요한 영역이라 할 수 있습니다.

1-2 빅데이터 단순하게 이해하기

앞선 내용을 요약하면 빅데이터라는 개념이 분명 어려울 수 있으나 사람들이 필요 이상으로 이를 과도하게 어렵다고 인식하고 있다는 내용이었습니다. 이 말은 즉 빅데이터와 인공지능 분야를 막론하고 우리가 개념을 보다 단순하게 이해할 수 있는 방법이 있다는 것을 의미합니다. 결국 빅데이터가 과도하게 어렵다는 오해를 불식시키기 위해서 빅데이터를 단순하게 이해하는 것이 중요합니다.

1-2-1 ▶ 데이터 출처와 생김새

빅데이터, 인공지능 공부 경험이 전무한 사람들에게 빅데이터라는 용어는 인공지능에 비해서는 다소 그 개념이 쉽게 느껴질 수 있습니다. 최근 산업을 막론하고 각종 기업에서 데이터를 쌓고자 하는 노력을 기울이고 있고 그러한 데이터는 엑셀 형식으로 우리 삶에서 쉽게 접할 수 있기 때문입니다. 하지만 실제 빅데이터를 한 번이라도 본 경험이 있다면 빅데이터에 대해 막연한 두려움을 가질 수도 있습니다. 각종 전문용어처럼 보이는 단어가 이곳저곳 펼쳐져 있고, 그 수가 너무나도 방대해 조금만 잘못된 움직임을 취해도 컴퓨터에 에러 메시지가 나타나기 마련입니다.

하지만 빅데이터라는 존재 역시 그렇게 어렵게 느낄 필요가 없습니다. 앞선 장에서 설명했듯 빅데이터는 우리에게 친숙한 데이터라는 단어 앞에 대량이라는 의미를 뜻하는 접두사 빅이 추가되었을 뿐입니다. 특히, 빅데이터를 바라보는 데 있어서 구체적인 데이터 분포를 살펴보지 않고 데이터의 출처나 생김새만을 보아도 많은 것을 유추할 수 있습니다. 먼저, 이 빅데이터가 어느 경로로 수집된 것인지 그 출처만 알고 있어도 우리는 많은 사실을 알아낼 수 있습니다. 웹이나 앱의 로그 이력인지, 설문 결과인지, 고객의 가입 정보인지에 따라 유용하다고 볼 수 있는 정보는 어느 정도 정해져 있습니다. 또한 이 데이터가 수집 이후 사람의 가공을 거쳤는지 아닌지에 따라서 데이터를 100% 신뢰할지 아닐지 역시 판단을 해볼 수 있습니다.

정형 데이터

- 행과 열 형식으로 표현 가능
- 숫자 혹은 범주형 데이터
- 전 세계 데이터의 약 20%
- 상대적으로 적은 데이터 저장 공간
- 상대적으로 쉬운 관리 난이도

비정형 데이터

- 행과 열 형식으로 표현 불가능
- 이미지, 영상, 텍스트, 음성 등
- 전 세계 데이터의 약 80%
- 상대적으로 많은 데이터 저장 공간
- 상대적으로 어려운 관리 난이도

[그림 3-1-3] 정형 데이터와 비정형 데이터

이와 유사하게 데이터의 생김새를 보는 것도 빅데이터를 단순화하여 이해하는 데 하나의 중요한 지침입니다. 데이터는 크게 숫자로 이루어진 정형 데이터, 텍스트나 이미지 등 숫자가 아닌 데이터로 이루어진 비정형 데이터로 나누어 볼 수 있습니다. 그리고 다행히 데이터가 정형 데이터인지, 비정형 데이터라면 텍스트인지 이미지 데이터인지에 따라 분석 방법이 어느 정도는 정해져 있습니다. 그리고 데이터의 생김새는 생각보다 직관적으로 파악하기 쉽습니다. CCTV 데이터라면 당연히 비정형 데이터가 쌓이고 있을 것이며, 설문을 통한 데이터라면 정형 데이터가 적재되고 있을 것입니다. 결국, 데이터의 출처와 생김새를 단순하게 구분하고 여기에 조금의 빅데이터 지식만 추가된다면 데이터가 어떤 형식으로 분석되고 활용될지에 대해 대략적인 감을 잡을 수 있습니다. 굳이 복잡하게 생긴 빅데이터의 전부를 이해할 필요는 없습니다.

생각해 볼 거리

데이터 분석가들은 업무 특성상 회사 내에 존재하는 정말 다양한 데이터를 다뤄 볼 수밖에 없습니다. 하지만 존재하는 무수히 많은 데이터들이 모두 쓸모 있는 데이터라고 하기에는 무리가 있습니다. 분명 특정 데이터는 사업적으로 활용하거나 고객을 분석하는 데 매우 유용하게 사용되지만 특정 데이터는 활용도가 매우 떨어지는 경우도 있습니다. 그래서 데이터 분석가 입장에서 주어진 데이터가 양질의 데이터인지 아닌지 판단을 잘하는 것은 하나의 중요한 능력으로 볼 수 있습니다.

이렇게 데이터 분석가들이 특정 데이터를 바라보고 이 데이터의 활용도가 높을지 아닐지 판단할 때 주의 깊게 살펴보는 내용 중 하나가 바로 데이터의 출처와 생김새입니다. 데이터의 활용도 측면에서 특정 방법으로 수집되었거나 특정 생김새를 보이는 데이터라면 유독 활용도가 낮은 데이터가 있기 마련이기 때문입니다. 그만큼 데이터 출처와 생김새는 빅데이터를 빠르게 이해하는 데 중요한 요소로 작용할 수 있습니다. 만약, 데이터 출처와 생김새를 기반으로 데이터 활용 시나리오를 상상할 줄 알게 된다면 이는 데이터 분석가 수준으로 데이터 안목이 생긴다는 것을 의미하기도 합니다.

또한 데이터 분석가들은 수많은 데이터 중 사업적으로 활용도가 높거나 중요한 정보가 담긴 데이터가 어떤 것인지 파악하는 데 각 비즈니스 영역의 전문가들보다 오랜 시간을 필요로 합니다. 데이터를 분석하는 방법을 공부하고 실제로 행하는 것과 사업적으로 중요한 정보가 어떤 것인지 알고 있는 것은 별개의 일이기 때문입니다. 그렇기 때문에 마케팅, 상품 등 비즈니스 내 특정 영역에 전문성을 지니고 있다면 우리 조직이 보유하고 있는 데이터 중 어떤 것을 주로 살펴보고 분석해야 하는지 명확하게 의견을 전달하는 것은 빅데이터 시대의 또 하나의 중요한 역량이라 볼 수 있습니다.

1-2-2 ▶ 분석 목적

빅데이터와 빅데이터 분석이라는 용어는 분석의 유무밖에 차이를 보이지 않습니다. 하지만 접근성 및 쉽게 이해를 할 수 있는지 여부의 차원에서 이 단순한 차이가 매우 크게 다가올 수 있습니다. 실제로 꼭 데이터 전문가가 아니더라도 데이터를 접하거나 생성하게 되는 것은 직장인이라면 흔히 겪을 수 있는 일 중 하나입니다. 하지만 이를 분석하는 것은 또 다른 차원의 이야기입니다. 엑셀 프로그램에 내재하는 기능을 넘어 복잡한 수학 및 통계 분석을 적용하는 일은 일반인 입장에서 빅데이터 분석을 충분히 어려워 보이게 만들 수 있습니다.

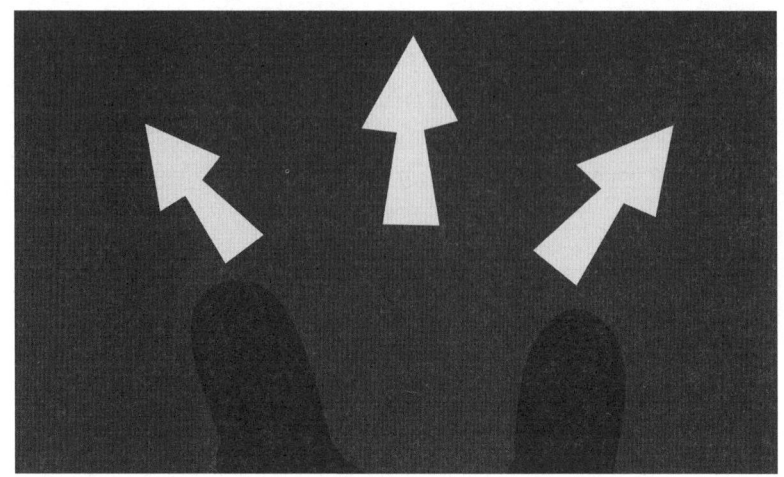

[그림 3-1-4]

하지만 빅데이터를 바라볼 때 데이터 출처와 생김새를 통해 쉽게 해당 데이터를 이해할 수 있었던 것처럼 빅데이터 분석 결과를 볼 때도 이해를 도울 수 있는 팁이 하나 있습니다. 바로 전체 데이터 분석 목적을 가장 먼저 파악하고 해당 목적을 이루는 방향으로 분석이 진행되었는지 살펴보는 것입니다. 실제로 데이터 분석을 진행할 때, 어렵고 복잡한 데이터 분석 기법을 사용하는 것은 모두 수단의 의미밖에 지니지 못합니다. 궁극적으로 데이터 분석을 통해 이루어야 하는 것은 초기의 분석 목적입니다. 만약 분석 목적에 부합한다면 굳이 복잡하고 어려운 기법들을 사용하지 않는 것이 오히려 좋은 분석이라고도 볼 수 있습니다. 그리고 대개의 데이터 분석 목적은 비즈니스 활용을 위한 경우가 많습니다. 따라서 데이터 분석가가 아닐지라도 해당 분석 프로젝트의 취지를 이해하고 결과를 살펴보는 것은 생각보다 어렵지 않을 수 있습니다.

데이터 분석가의 입장에서 실제 데이터를 분석할 때 가장 많이 하는 실수 중 하나가 바로 분석 목적과 어긋나는 방향으로 분석을 진행하는 것입니다. 데이터 분석가도 사람이기에 분석을 진행하다가 트렌디하고 복잡한 모델을 적용해 보는 것에 심취해 분석의 방향이 엉뚱한 곳으로 흘러갈 수도 있습니다. 이때 데이터 분석에 대해 깊은 학습을 하지 않은 사람이라도 충분히 조언을 주고 분석 결과를 평가할 수 있습니다. 오히려 깊은 학습을 하지 않은 사람이 하는 말이 때로는 데이터 분석가에게 더 도움이 되기도 합니다. 결국, 빅데이터 분석이 어렵다는 것에 너무 집중을 하지 않고 내가 할 수 있는 일에 집중을 하면 충분히 데이터 분석에 큰 도움을 줄 수 있으며 그 중요한 열쇠가 바로 데이터 분석 목적을 상기하는 것이 될 수 있습니다.

💡 | 생각해 볼 거리

데이터 분석 프로젝트를 진행함에 있어 그 분석 목적이 중요하다는 것은 아무리 강조해도 지나치지 않습니다. 여기서 한 가지 흥미로운 점은 데이터 분석 프로젝트별로 분석 목적을 정하는 사람이 모두 다르다는 것입니다. 어떤 경우에는 데이터 분석가가 직접 거시적인 그림을 그리며 분석 목적을 설정하는 경우도 있고, 어떤 경우에는 데이터 분석 수요가 있는 현업에서 분석 목적을 정해 주는 경우도 있습니다.

다만, 오직 데이터 분석가의 입장에서만 생각해 보았을 때 스스로 데이터 분석 목적을 정하는 것은 편리하지만 불안하기도 한 특징이 있습니다. 직접 분석 목적을 설정하기에 보유하고 있는 데이터와 분석 환경을 고려했을 때 현실적으로 분석이 가능한 영역 내에서 목적을 설정할 수 있다는 점은 분명 편리하기도 합니다. 하지만 데이터 분석가는 분명 데이터 분석 결과를 활용하는 각 분야 실무진들에 비해서는 사업적인 지식이 부족한 것이 사실입니다. 그렇기 때문에 이렇게 설정한 분석 목적이 실제 현장에서 활용할 때도 충분히 의미가 있을지에 대해 고민하고 불안한 마음이 생기기도 합니다.

이 모든 상황을 고려했을 때, 대부분의 데이터 분석가는 각 분야 실무진들의 입장에서 어떤 데이터 니즈가 있는지 늘 설명을 듣고 싶어 합니다. 또한 앞서 서술한 이유로 애초에 분석 목적까지 명확한 상태로 그 니즈를 전달받는 것은 데이터 분석가 입장에서 한편으로 매우 고마운 일입니다. 물론 요구 사항이 너무 터무니없을 가능성도 있지만 이는 분석을 하는 사람이 충분히 분석 과정에서 추려낼 수 있는 영역입니다. 빅데이터 시대를 살아가는 데 있어 데이터 분석가와의 유기적인 업무 형태를 가져야 함을 늘 기억하고 있어야 합니다.

Chapter 2

나는 빅데이터를 완전히 이해해야 한다.

Chapter 2
나는 빅데이터를 완전히 이해해야 한다.

현재 시중에는 정말 많은 빅데이터 관련 서적과 강의들이 존재합니다. 하지만 빅데이터 전문가가 되고자 하는 사람이 아닌 이상 그러한 서적과 강의를 통해서 빅데이터를 이해하는 데는 한계가 있습니다. 대부분의 관련 서적과 강의는 데이터 분석 방법론이나 머신러닝 기술의 원리를 설명하고 있기 때문입니다. 이러한 이유로 빅데이터에 대해 개괄적인 이해를 하고자 했던 사람들에게는 빅데이터를 이해하기 위해 해당 내용들을 다 이해해야 한다는 착각이 생길 수 있습니다. 하지만 이는 사실이 아닙니다. 이 장에서는 완벽한 빅데이터 이해에 대한 오해와 실제 사실을 알아보겠습니다.

2-1 빅데이터 전문가와 일반인

2-1-1 ▶ 전문가의 빅데이터 vs 일반인의 빅데이터

앞선 1장에서 계속 언급을 했던 내용 중 하나는 바로 데이터 분석가나 데이터 과학자 등 빅데이터 전문가로서 빅데이터를 이해하는 것과 일반인으로서 빅데이터를 이해하는 것은 완전히 다른 일이 될 수 있다는 점입니다. 이는 언뜻 생각해 보면 당연한 이야기입니다. 데이터 관련 직종으로 일을 할 것도 아닌데 복잡하고 어려운 데이터 분석 기법이나 딥러닝 알고리즘을 이해하고 있을 필요가 전혀 없습니다. 때문에 본인이 빅데이터 전문가가 아니라면 빅데이터에 관련해 모든 것을 이해해야 한다는 것은 괜한 걱정이 될 수 있습니다.

물론 데이터 엔지니어, 데이터 분석가, 데이터 과학자, 인공지능 개발자 등 빅데이터 관련 커리어를 쌓아 가고자 하는 학생이라면 많은 공부를 해야 함이 분명합니다. 분명히 말하지만 프로그래밍, 수학/통계학, 도메인 지식에 이르는 빅데이터 분야의 모두에 통달하는 것은 어려운 일입니다. 물론 다양한 빅데이터 관련 직종 안에서도 본인이 세부적으로 어떤 길을 걷고자 하는지에 따라 세부적으로 공부해야 하는 항목이 바뀔 수는 있습니다. 하지만 한 가지 또 다른 사실은 다방면에 전부 능숙한 사람이 매우 드물다는 것이며 그 드문 사람이 된다면 자연스레 본인의 가치를 높일 수 있다는 점입니다.

[그림 3-2-1] 인공지능의 4대 거장(Yann LeCun, Geoff Hinton, Yoshua Bengio, Andrew Ng)

만약 데이터 관련 직종에 종사하고자 하는 사람이 아닌 일반인이라면 빅데이터나 인공지능과 관련한 각종 강의, 서적 등을 모두 찾아볼 필요가 없습니다. 이따금씩 열리는 관련 세미나에 참석하거나 본인이 흥미가 있을 경우 조금 더 세부적인 지식을 탐색하는 것만으로 충분합니다. 그리고 일반인이 빅데이터와 관련해 역량을 넓혀 가고자 할 때는 교훈을 얻는 것을 위주로 마음가짐을 잡는 것이 좋습니다. 때로는 단순한 데이터 분석 결과가 나의 업무에 큰 영향을 미칠 수도 있으며 특정 인공지능 신기술이 나오는 것이 내 업무 전반을 바꿀 수도 있습니다. 분석 결과와 최신 기술이 나에게 미치는 영향이 어떠할지를 위주로 생각하는 것 자체로 일반인은 충분히 훌륭하게 빅데이터 시대를 살아가고 있다고 할 수 있습니다.

> **생각해 볼 거리**
>
> 이전에 TV 프로그램 중 알쓸신잡이라는 이름의 프로그램이 인기를 끌던 적이 있습니다. 알아 두면 쓸데없는 신비한 잡학사전의 줄임말로 각 분야의 전문가들이 나와 신기하면서도 잘 몰랐던 다양한 사실을 이야기해 주는 내용입니다. 이때 빅데이터 분석이라는 것은 본래 매우 다양한 데이터를 그 분석 대상으로 삼는다는 것과 전문가가 아닌 사람도 그 결과를 많이 살펴본다는 의미에서 알쓸신잡 프로그램과 유사한 성격을 띤다고도 볼 수 있습니다. 여기서 한 가지 주목할 점은 그 프로그램이 꽤나 많은 인기를 끌었다는 점입니다.
>
> 해당 프로그램은 제목에서부터 '알아 두면 쓸데없는'이라는 표현을 쓰고 있습니다. 하지만 깊게 생각을 해 보면 그 프로그램에서 나온 다양한 지식과 정보들이 정말 알아 두면 쓸데없는 일일까요? 어떤 지식은 그렇겠지만 우리 삶에 쓸모가 많은 지식도 분명히 많이 소개가 되고 있습니다. 시청자 입장에서 생각할 때 나에게 필요한 지식을 잘 걸러내고 이를 통해 일상을 바라보면 분명 기존보다 훨씬 넓은 안목을 가질 수 있습니다.
>
> 이는 빅데이터 분야 역시 마찬가지입니다. 커피와 관련된 데이터 분석을 하다 보면 기온이 몇 도일 때부터 아이스 음료가 많이 팔리는지, CCTV와 관련된 데이터 분석을 하다 보면 우리 지역 중 CCTV가 많이 설치되어 안전한 장소가 어느 곳인지 쉽게 알 수 있습니다. 이는 분명 누군가에게는 쓸데 있는 정보가 되고 누군가에게는 쓸데없는 정보가 됩니다. 빅데이터 시대를 살아감에 있어 나에게 필요한 정보를 가지는 능력은 매우 중요합니다. 빅데이터를 다 이해해야 한다는 막연한 두려움에서 벗어나 빅데이터를 통해 파생된 정보 중 나에게 유용한 정보를 능동적으로 찾고자 하는 태도가 필요합니다.

2-1-2 ▸ 빅데이터 교육 콘텐츠

빅데이터와 인공지능이 점차 강조됨에 따라 새롭게 등장한 하나의 트렌드 중 하나는 관련 교육이 엄청나게 빠른 속도로 시장에 나오고 있다는 점입니다. 서점에 가면 너무도 많은 빅데이터, 인공지능 관련 서적이 존재하고 빅데이터나 인공지능 관련 교육을 전문적으로 행하는 업체들도 속속들이 등장하고 있습니다. 그리고 서적이 되었든 전문 업체의 교육이 되었든 그 콘텐츠는 대부분 유사합니다. 프로그래밍

부터 시작해서 데이터 분석을 위한 각종 전문적인 기술을 익히는 데 필요한 내용들을 제공해 주고 있습니다.

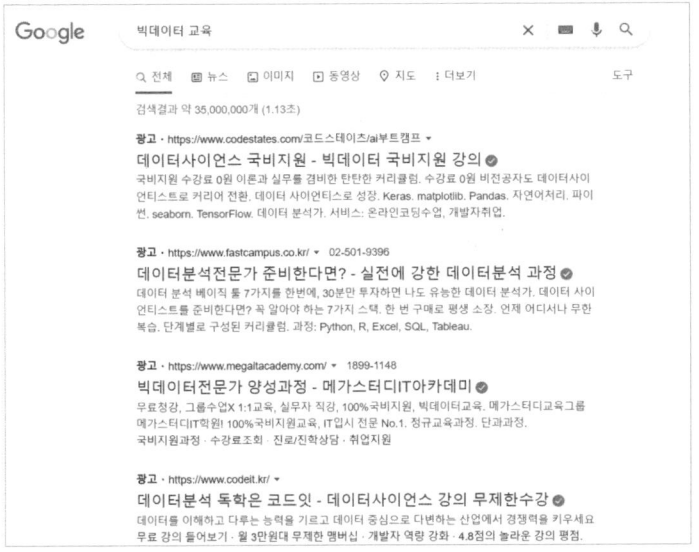

[그림 3-2-2] 빅데이터 교육 검색 결과

그리고 이 지점이 바로 사람들로 하여금 빅데이터와 관련한 모든 내용을 이해해야 한다고 오해하게 만드는 하나의 포인트입니다. 많은 서적이나 강의를 보면 데이터를 다루는 사람 입장에서 어떤 분석 기법을 어디에 적용하면 좋을지에 대해 알려 줍니다. 하지만 이 내용은 순전히 빅데이터 전문가가 되고자 하는 사람들을 위한 것이지 일반 사람들을 타깃으로 하는 교육 콘텐츠가 아닙니다. 앞선 장에서 이야기하였듯 빅데이터 관련 직종을 가질 생각이 없는 사람이라면 굳이 복잡하고 어려운 모델과 프로그래밍 수업을 듣고 있을 필요가 없습니다.

다행히 최근에는 빅데이터 전문가가 아닌 일반 사람들을 대상으로 하는 콘텐츠도 많이 생겨나고 있습니다. 그 대표적인 예로 서점을 가면 데이터 문해력(Data Literacy)을 강조하는 내용의 서적을 쉽게 찾아볼 수 있습니다. 데이터 문해력은 주어진 데이터를 통해 얻은 통찰을 실제 활용할 수 있는 능력을 의미합니다. 물론 데이터 문해력은 빅데이터 전문가에게도 매우 필요한 능력이지만, 그렇지 않은 사람들에게도 충분히 중요한 내용입니다. 최근에는 데이터 문해력을 비롯해 빅데이터에 대한 전반적인 개요, 빅데이터로 바뀌어 가는 사회 내용을 소개하는 서적이나 강의가 많이 늘어나고 있습니다. 시장에 존재하는 매우 많은 빅데이터 교육 중 굳이 이해하기 어려운 내용의 콘텐츠를 골라 빅데이터를 어렵게 여길 필요가 없습니다.

생각해 볼 거리

보통 교육 콘텐츠라고 하면 다양한 매체를 통해 접할 수 있습니다. 앞서 언급하였듯 서적이나 강의를 통해서 학습하는 것도 가능하며 파일 형식으로 된 자료를 찾아 혼자 공부하는 것도 충분히 상상할 수 있습니다. 그리고 당연히 교육 콘텐츠를 제공하는 매체에 따라 어느 정도의 교육 콘텐츠 특징도 정해져 있음을 유추할 수 있습니다. 장기간에 걸쳐서 콘텐츠가 제공된다면 아무래도 전문적인 내용이 담겨 있을 확률이 높으며 반대의 경우 일반적인 내용 위주의 콘텐츠가 담겨 있을 수밖에 없습니다.

이때 일회성 강의나 세미나 형식의 교육 콘텐츠를 선택하면 빅데이터 전문가가 아닌 일반인 입장에서 유용한 정보를 많이 얻을 확률이 높습니다. 전문적인 지식을 전달하기에는 그 형식에 한계가 존재하기에 보통 일회성 강의나 세미나의 경우 인사이트 전달을 위한 콘텐츠를 제공할 확률이 높기 때문입니다. 결국 세미나 형식의 매체를 통해 빅데이터에 대해 알아 가는 것은 빅데이터 전문가를 타깃으로 하는 강의를 오묘하게 피해 가는 하나의 좋은 노하우가 될 수 있습니다.

물론 똑같은 일회성 강의나 세미나일지라도 그 안에 담겨 있는 내용은 다소 상이할 수 있습니다. 흥미로운 주제의 데이터 분석 결과를 통해 특정한 인사이트를 전달할 수도 있으며 데이터 분석 결과와는 별개로 빅데이터/인공지능의 기술 발전을 논하며 이 시기를 살아가는 데 필요한 제언이 담겨 있을 수도 있습니다. 그런 강의나 세미나에는 미래를 대비하기 위한 유용한 정보들이 많이 녹아 있을 확률이 높습니다. 물론 반복하여 말하지만 가장 중요한 것은 교육 콘텐츠 속에서 본인의 상황에 맞는 정보를 잡아내고 이를 어떻게 활용할지 생각해 보는 것입니다.

2-2 빅데이터 이해도와 빅데이터 활용하기

빅데이터를 이해하는 것과 빅데이터를 활용하는 것은 완전히 다른 이야기입니다. 빅데이터 전문가라면 당연히 빅데이터를 이해하는 것과 빅데이터를 활용하는 것 모두에 관심을 가져야 합니다. 하지만 일반인의 입장이라면 빅데이터에 대한 이해는 최소한의 수준만을 가지고 빅데이터를 활용하는 데 집중을 해야 합니다. 이를 위해 빅데이터를 이해하는 것과 활용하는 것에는 어떤 차이가 있는지, 그리고 이 둘 간에는 어떤 관계가 있는지에 대해 알아야 합니다.

2-2-1 ▶ 완전히 통달하기 vs 대충 이해하기

빅데이터 전문가들은 항상 공부의 압박에 시달리기 마련입니다. 프로그래밍, 수학/통계학, 도메인 지식까지 공부를 해야 하는 범위가 너무 넓은 것은 물론이고 새로운 기술 트렌드라는 것이 매일 같이 바뀌기 때문입니다. 수많은 데이터 분석가, 데이터 과학자 등 빅데이터 전문가들이 공통적으로 원하는 바는 아마 빅데이터 분야에 완전히 통달하는 일이 될 수 있습니다. 어쩌면 그래서 빅데이터 분야에 종사하는 사람들에게 계속 공부를 하고 끊임없이 정진하려는 이미지가 생겨나는 것일 수도 있습니다.

다만, 빅데이터 전문가들이 빅데이터 분야에 완전히 통달하고자 한다는 이 사실이 빅데이터 분야를 대충이라도 이해하는 것의 가치를 떨어뜨리는 일은 아닙니다. 빅데이터 전문가가 아닌 일반인이라면 빅데이터 분야를 대충 이해하는 것만으로도 많은 안목을 기를 수 있습니다. 그리고 여기서 말하는 빅데이터 분야를 대충 이해하는 것은 그렇게 깊은 수준의 지식을 뜻하는 것이 아닙니다. 빅데이터가 어떤 이유로 최근 대세로 자리를 잡게 되었는지를 시작으로 연관된 기술들은 무엇이 있고, 그 기술들의 향후 전망은 어떨지에 대해 고민해 볼 수 있는 수준이면 충분합니다. 아주 조금의 지식만으로도 충분히 이 고민들을 스스로 해볼 수 있는 수준에 다다를 수 있습니다.

사실 애초에 빅데이터와 인공지능은 통달한다는 개념이 없는 분야이기도 합니다.

그렇기 때문에 많은 사람들이 끝없는 공부를 해야 함에 스트레스를 받기도 하는 분야입니다. 이는 전문가와 일반인을 가리지 않고 볼 수 있는 현상입니다. 새로운 기술이 계속 출시되고 있는데, 난 이 세상을 똑바로 살아갈 수 있을까 하는 고민이라고 이해할 수 있습니다. 여기서 중요한 것은 마음가짐이라고 볼 수 있습니다. 애초에 통달한다는 개념이 없다면 대략적으로 이해를 하면 됩니다. 빅데이터와 인공지능은 모두 하나의 기술일 뿐이지 절대적인 지침서가 아니라는 마음가짐을 가져야 합니다.

생각해 볼 거리

사람들은 대충 이해한다는 것에 부정적인 생각을 가지곤 합니다. '기왕 할 거 제대로 해봐야지', '대충 알아서 그런 문제가 생긴 거야'라는 말은 살면서 쉽게 들을 수 있는 말들입니다. 하지만 정말 대충 이해하는 것을 꼭 부정적으로 바라만 보아야 할지에 대해서는 깊은 생각이 필요합니다. 대충 이해한다는 말을 조금만 바꾸면 '아예 모르진 않고 대략적으로라도 아는 것'을 뜻하기 때문입니다.

당연한 말이지만 아무것도 모르는 것보다는 대충이라도 알고 있는 것이 훨씬 좋습니다. 꼭 빅데이터 분야가 아니더라도 대충이라도 이해를 하고 있다는 것은 향후 깊은 공부를 하기에 수월해지는 것을 의미하기도 하며, 해당 분야에 대해 어느 정도의 식견은 존재한다는 것을 의미하기 때문입니다. 그리고 특히 빅데이터와 인공지능 분야는 대충이라도 알고 있는 것의 가치가 매우 높을 수 있습니다. 최근 빅데이터와 인공지능 기술이 점차 발전해 가면서 중요성이 커지고 있는 영역 중 하나가 바로 이를 어디에 어떻게 활용할 수 있는지 아이디어를 찾는 것이기 때문입니다.

물론 대충이라도 이해하고 있다는 것이 가치 있는 일이라고 해도 지나치게 모든 것을 대충 이해하는 것은 위험할 수 있습니다. 이 분야에 대해 지식이 얕다고 무조건 비관적으로 생각할 일은 아니지만 그렇다고 대충 알아도 좋다는 이유로 모든 것을 낙관적으로 생각하는 것도 위험합니다. 이를 위해 앞서 언급한 빅데이터의 등장 배경을 파악하고 미래에의 영향도를 고민할 수준인지를 스스로 파악하는 것은 내가 알고 있는 수준이 적당한지 판단하기 위한 하나의 중요한 지침이 될 수 있습니다.

2-2-2 ▶ 빅데이터 이해도와 활용성의 상관관계

빅데이터를 다루는 기술은 그 방법론이 너무도 다양합니다. 이는 비단 빅데이터뿐 아니라 인공지능 분야도 마찬가지입니다. 그래서 빅데이터 기술에 대해 이해도가 높은 사람일수록 우리가 모르는 복잡한 스킬을 발휘하는 경우가 많습니다. 하지만 여기서 한 가지 신기한 현상이 발생합니다. 빅데이터 기술에 대해 이해도가 높고 전문적인 지식을 가지고 있을수록 해당 사람이 분석한 빅데이터 분석 결과물은 더 높은 가치를 지닐까요? 정답은 아니다입니다. 단언컨대 빅데이터 자체에 대해 높은 이해도를 지닌 사람이라고 할지라도 데이터를 통해 즉시 눈에 띄는 성과를 창출한다는 보장을 주지는 못합니다. 반대로 데이터에 대해 전혀 이해도가 높지 않은 사람이라도 빅데이터 활용법에 대한 아이디어가 매우 많은 경우가 있을 수 있으며 실제로 그런 사례 역시 심심치 않게 찾아볼 수 있습니다.

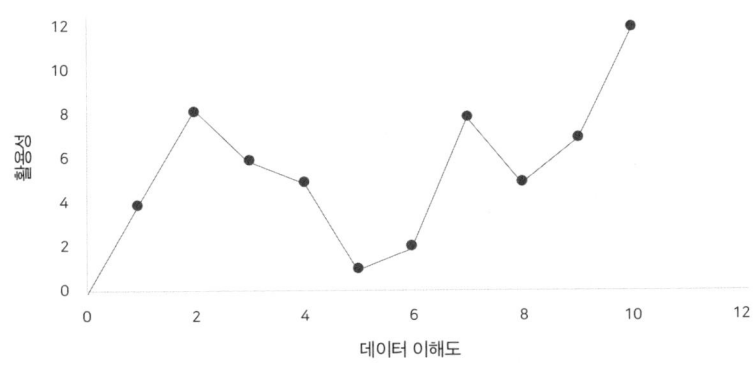

[그림 3-2-3] 이해도와 활용성의 상관관계

분명히 말하지만 데이터 분석가의 빅데이터에 대한 이해도와 그 사람이 진행한 데이터 분석 프로젝트 결과물의 활용성은 큰 연관성을 지니지 않습니다. 과장을 조금 섞어 말하면 어느 정도 수준 이상의 빅데이터 지식을 갖춘 사람이라면 빅데이터 이해도와 분석 결과물의 유용성은 전혀 상관이 없을 수도 있습니다. 이러한 상황을 배경으로 나온 단어가 바로 앞선 장에서 언급한 데이터 문해력이기도 합니다. 최근 많은 사람들이 데이터 분석 방법론과 인공지능 알고리즘의 기술적인 측면에만 신경을 쓰기 때문에 실제로 개발한 내용물의 유용성이 너무 떨어지는 경우가 많습니다. 결국, 빅데이터 기술에 대한 이해도가 문제가 아니고 사용할 수 있는 결과를 만들어 낼 줄 아는 능력이 더 중요한 것 아니냐는 것이 데이터 문해력의 등장 배경입니다.

결국 빅데이터에 대한 높은 이해도와 활용성이 아무 상관관계가 없다고 생각했을 때 가장 중요한 것은 데이터 문해력을 가지고 있느냐 아니냐로 볼 수 있습니다. 만약 데이터 문해력이라는 말이 너무 어렵다면 데이터 분석을 하는 분석가가 기본적인 논리력을 가지고 있는지, 주어진 문제를 풀어나가는 문제 해결력을 가지고 있는지에 대해 집중하면 됩니다. 최근 데이터 분석가나 데이터 과학자를 평가하는 데 있어 그 사람이 가지고 있는 기술적인 역량이 얼마나 되는지를 중요시하는 경향이 있습니다. 이제는 그 사람의 데이터 문해력이 어떤 수준인지에 대해서도 추가적으로 살펴볼 시기가 아닌지 고민해 볼 필요가 있습니다.

💡 | 생각해 볼 거리

앞서 언급한 내용을 요약하면 빅데이터에 대해 기술적으로 높은 이해도를 지니고 있는 것과 실제 활용성과의 상관관계는 생각보다 크지 않다는 것이었습니다. 또한 관련해서 데이터 문해력을 이야기하기는 했지만, 생각해 보면 데이터 문해력 역시도 데이터 활용성과 높은 인과성을 지닌 관계라고 보기는 힘듭니다. 높은 활용성을 지닌 분석 결과물을 만들면 그제서야 그 사람이 데이터 문해력을 지니고 있다고 말하는 경향이 있기 때문입니다. 결국 데이터 문해력은 데이터 활용성을 평가하기 위한 결과론적인 용어일 수도 있습니다.

여기서 한 가지 의문점을 가질 수 있습니다. 그렇다면 데이터 분석의 활용성과 높은 상관관계를 보이는 특징은 어떤 것이 있을까?에 대한 문제입니다. 다행히 다양한 데이터 분석가의 역량을 여러 방면으로 나누어 생각해 볼 때 유용한 분석 결과물을 만들어 내는 사람들 사이에 한 가지 공통점이 있습니다. 바로 도메인 지식에 높은 수준을 지닌 사람이 일반적으로 유용한 분석 결과물을 만들어 내는 상황이 많다는 것입니다.

생각해 보면 데이터 분석 프로젝트의 분석 목적만 이룰 수 있다면 수반되는 기술의 복잡성은 그리 중요한 요인이 아닙니다. 오히려 실제 비즈니스 상황을 정확히 이해하고 데이터 분석가로써 어떤 데이터를 바라보고 다듬어야 할지 명확하게 파악하는 것이 유용한 데이터 분석을 위해 가장 중요합니다. 그리고 영역에 맞추어 실제 비즈니스 상황을 정확히 파악하기 위해 필요한 것이 바로 도메인 지식입니다. 이에 대해 깊게 고민해 본다면 높은 수준의 도메인 지식을 갖추는 것이 빅데이터 전문가로 성공하기 위한 하나의 중요한 열쇠가 될 수 있음을 짐작 가능합니다.

Chapter 3

나와 빅데이터는 관계가 없다.

Chapter 3
나와 빅데이터는 관계가 없다.

2장에서 살펴본 완벽한 빅데이터 이해에 대한 강박과는 정반대로 빅데이터 생태계를 이해하는 것이 나의 삶과 전혀 관련이 없다고 생각하는 사람들도 있습니다. 하지만 이미 너무나도 많은 곳에서 실제로 빅데이터와 인공지능은 활용되고 있습니다. 그렇기에 빅데이터에 대해 기술적인 측면까지 완벽히 이해할 필요는 없지만 이에 대해 손을 놓아도 된다는 마음가짐을 가지는 것 역시 좋지 않습니다. 이 장에서는 실제로 빅데이터 생태계를 잘 이해하고 있을 경우 우리 삶에 어떻게 활용할 수 있는지 그리고 최종적으로 빅데이터 시대를 살아감에 있어 어떤 마음가짐을 지녀야 하는지에 대해 알아보도록 하겠습니다.

3-1 생활 속 빅데이터

3-1-1 ▶ 스몰데이터 활용

다시 한번 말하지만 빅데이터는 그 단어의 뜻만 놓고 보면 단순히 대용량의 데이터를 뜻합니다. 사실 학술적으로나 이론적으로 데이터가 몇 개 이상일 때부터 단순한 데이터가 아니라 빅데이터라고 칭한다는 명확한 정의는 없습니다. 다만 데이터 크기가 천만 개 이상, 일억 개 이상 된다면 누구나 빅데이터라고 인정을 하곤 합니다. 그리고 이렇게 누구나 인정하는 빅데이터라면 사실 빅데이터 전문가가 아닌 이상 평소에 접해 보았을 확률이 매우 떨어지기는 합니다. 하지만 너무 빅데이터를 강조하지 않고 데이터 그 자체에 초점을 맞추면 이야기는 달라집니다. 분명 성인이라면 한 번쯤은 살면서 데이터를 경험해 보았을 겁니다.

[그림 3-3-1]

그리고 비록 빅데이터가 아닌 스몰데이터라는 단어가 더 어울리는 데이터라고 할지라도 그 가치가 무조건 낮다고 볼 수는 없습니다. 데이터 안에 어떤 유의미한 정보가 저장되어 있는지에 따라 충분히 높은 활용성을 보일 수 있기 때문입니다. 그렇기 때문에 너무 데이터 크기에만 집중하지 않고 스몰데이터일지라도 데이터를 파헤쳐 보고 분석해 보려는 마음가짐을 가진다면 생각보다 큰 효용을 얻을 수도 있습니다. 굳이 복잡한 데이터 분석 기법을 사용하지 않아도 좋습니다. 각 변수의 평균이 몇인지를 계산하거나 관심 있는 데이터가 전체 중 몇 퍼센트의 비중을 차지하는지 등 생각보다 간단한 기법으로도 훌륭한 인사이트가 도출될 때도 많습니다.

만약 작은 데이터일지라도 실제로 분석을 진행해 보고 유의미한 인사이트를 도출해 보려고 마음을 먹었다면 가장 추천하는 것 중 하나는 바로 엑셀 프로그램에 대해서 공부해 보는 것입니다. 빅데이터 전문가가 아닌 입장에서 굳이 시간을 들여 프로그래밍 공부를 해 가며 작은 데이터를 분석하는 데 시간을 투자할 이유가 없기 때문입니다. 그리고 엑셀 역시 최근 유행하고 있는 프로그래밍 언어에 가려져 있을 뿐 엑셀을 잘 다룰 줄 아는 사람이라면 매우 다양한 데이터 분석을 진행해 볼 수 있습니다. 생활 속에서 존재하는 다양한 데이터로 생활 속에서 존재하는 프로그램을 이용해 무겁지 않은 마음으로 데이터 분석을 시작하는 것도 충분히 좋은 시도입니다.

> **생각해 볼 거리**
>
> 엑셀은 분명 직장인들이 가장 많이 사용하는 프로그램 중 하나입니다. 업무 중 많은 부분을 엑셀 프로그램을 통해 해결하며 엑셀을 잘하는 것이 하나의 중요한 역량으로 칭해지기도 합니다. 엑셀 안에 무수히 많은 기능이 있고 그 기능을 잘 사용할수록 업무 전반의 효율이 높아진다는 것은 누구나 알고 있는 사실입니다. 그래서 어떤 사람들은 돈을 지불하면서까지 엑셀 실력을 높이고자 합니다. 하지만 이상하게도 빅데이터 전문가들은 엑셀을 따로 배우지는 않습니다. 그리고 이 지점이 엑셀에 대한 가치를 저평가하게 만드는 하나의 요인입니다.
>
> 하지만 빅데이터 전문가들이 엑셀 프로그램을 따로 배우지 않는 것에 심오한 이유가 있는 것은 아닙니다. 엑셀은 프로그램의 성격상 특정 개수 이상의 데이터는 애초에 읽지 못합니다. 즉, 정말 대용량의 데이터를 분석하고자 한다면 애초에 엑셀을 이용하는 것이 불가능합니다. 또한 아무래도 사용자 편의적인 요소들을 프로그램 안에 많이 내장시키다 보니 조금만 데이터 사이즈가 커지더라도 프로그램 자체가 쉽게 버벅대는 모습을 마주할 수도 있습니다.
>
> 이렇듯 엑셀 프로그램이 빅데이터 전문가에게 사용되지 않는 이유는 단순히 대용량의 데이터를 불러오기에 무리가 있는 점 하나 때문입니다. 바꿔 말하면 데이터의 크기가 작다면 엑셀 프로그램을 통해서도 충분히 데이터 분석 프로세스 전반에 걸친 경험을 할 수 있으며 데이터를 분석하고 유의미한 인사이트를 도출하고자 하는 시도를 모두 할 수 있습니다. 자신이 궁금한 내용을 데이터를 통해 금방 파악할 수 있다는 것은 일상생활이나 업무에 있어 모두 큰 장점을 가져다줄 수 있습니다.

3-1-2 ▶ 빅데이터 분석 보고서 활용

크기가 작은 데이터일지라도 직접 엑셀 프로그램을 통해 분석 과정을 진행해 보는 것은 분명 큰 가치가 있습니다. 하지만 아무리 이 사실을 안다고 할지라도 실제로 데이터를 구해 분석을 진행해 보는 것은 어렵고 막연하게 느껴질 수 있습니다. 하지만 만약 실제로 데이터를 분석해 보는 프로세스를 경험하기에 시간적 여유가 부족하다고 하다고 하더라도 어느 정도의 대체재는 존재합니다. 바로 수없이 발행되고 있는 빅데이터 분석 보고서를 살펴보고 그 속에서 유용한 정보를 추출해 내려는 경험을 해보는 것입니다. 즉, 다양한 분석 보고서를 살펴보고 내용을 이해하는 연습을 조금만 해 보더라도 빅데이터를 바라보는 시각에는 매우 많은 도움이 될 수 있습니다.

여느 보고서와 마찬가지로 빅데이터 보고서 역시 보통 문제에 대한 인식을 시작으로 이를 해결하는 방법 혹은 그 현상에 대한 고찰로 마무리되는 것이 대부분입니다. 형식만을 놓고 보면 빅데이터 분석 보고서일지라도 여타의 보고서들과 크게 다를 점이 없습니다. 그리고 빅데이터 분석 보고서의 장점 중 하나는 바로 빅데이터 전문가를 타깃으로 하고 있지 않다는 점입니다. 그래서 일반인들도 충분히 공감할 수 있는 주제로 이 세상의 다양한 흥미로운 주제의 분석을 진행하는 경우가 많습니다. 단순히 생각한다면 빅데이터 분석 보고서를 자주 훑어보는 것만으로도 이 시대가 작동하고 있는 상황을 숫자를 통해 쉽게 파악해 볼 수 있는 것입니다.

번호	제목	첨부파일	작성자	등록일	수정일	조회수
19	[2021년 통계데이터센터 자료분석·활용대회-장려상] 서울시 '여성안심홈세트 지원서비스'정책 분배적절성 분석	📎	관리자	2022-05-04		592
18	[2021년 통계데이터센터 자료분석·활용대회-장려상] 일회용컵 사용절감을 위한 그린 뉴딜정책 개선방안 제시	📎	관리자	2022-05-04		590
17	[2021년 통계데이터센터 자료분석·활용대회-장려상] 강서구 소방 안전센터 최적 입지 선정	📎	관리자	2022-05-04		329
16	[2021년 통계데이터센터 자료분석·활용대회-우수상] 연령구조를 고려한 지역별 구급 출동 건수 예측	📎	관리자	2022-05-04		358
15	[2021년 통계데이터센터 자료분석·활용대회-우수상] 시도별 도시 경쟁력 지표 설립 및 인구이동의 분석과 이해	📎	관리자	2022-05-04		293
14	[2021년 통계데이터센터 자료분석·활용대회-최우수상] 전통시장 DT 활용 방안	📎	관리자	2022-05-04		594
13	[2021년 통계데이터센터 자료분석·활용대회-대상] 탄소저감을 위한 도시숲 최적입지 선정	📎	관리자	2022-05-04	2022-05-04	642
12	[2020년 통계데이터센터 자료분석·활용대회-장려상] 인공지능을 활용한 가계금융건강점진	📎	관리자	2021-04-01		2644
11	[2020년 통계데이터센터 자료분석·활용대회-장려상] 생활쓰레기 증가 요인 분석 및 개선 방향	📎	관리자	2021-04-01	2021-04-01	2321
10	[2020년 통계데이터센터 자료분석·활용대회-우수상] 성공적인 도시재생 뉴딜사업을 위한 선정지표 개선연구	📎	관리자	2021-04-01	2021-04-01	1265

[그림 3-3-2] 실제 데이터 분석 자료 예시

빅데이터 분석 보고서를 살펴보고 데이터를 통한 인사이트 추출에 흥미가 생겼다면 인터넷을 통해 손쉽게 다양한 분석 보고서를 접해 볼 수 있습니다. 통계청이나 공공데이터 포털에서는 이미 분석 보고서라는 이름으로 다양한 주제의 데이터 분석 결과물을 제공하고 있습니다. 이 대부분이 공공데이터를 활용한 것으로 실제 우리 생활과 밀접한 다양한 데이터를 경험해 볼 수 있습니다. 만약 본인의 관심 분야에 대해 빅데이터 전문가들의 분석 의견이 궁금하다면 간단히 키워드를 조합해서 검색해 볼 수도 있습니다. 최근 세상은 깊은 전공 지식으로 무장한 데이터 분석가들이 열심히 분석한 결과물을 쉽게 찾아보며 새로운 정보를 얻고 데이터 분석에 대한 감을 향상시킬 수 있는 환경이 편리하게 구축되어 있습니다.

| 생각해 볼 거리

앞서 언급하였듯 빅데이터 분석 보고서의 장점 중 하나는 그 타깃을 데이터 전문가에게 두지 않는다는 점입니다. 그렇기 때문에 보통의 빅데이터 분석 보고서는 최대한 어렵지 않은 용어로 가능한 한 쉽게 분석 결과를 설명하곤 합니다. 하지만 데이터나 분석 주제에 따라 가끔씩 쉬운 보고서를 만드는 것 자체가 불가능한 경우가 있습니다. 이럴 때면 어쩔 수 없이 몇몇 개의 전문 용어들이 등장하곤 하고 데이터 분석을 공부하지 않은 사람들은 이를 심오하게 느낄 수도 있습니다.

하지만 빅데이터 분석 보고서에서 사용이 될 만한 빅데이터 관련 전문 용어는 그렇게 많지 않습니다. 또한 전문용어 중에서도 매우 복잡한 개념의 전문용어는 가급적 사용을 지양할 확률이 높기 때문에 전문용어일지라도 간단한 검색을 통해서 의미를 쉽게 찾아볼 수도 있습니다. 즉, 어느 정도의 빅데이터 관련 용어 공부만 진행을 해도 이 세상에 존재하는 대부분의 빅데이터 분석 보고서의 내용을 쉽게 파악할 수 있습니다.

사실 몇몇 개의 전문용어 때문에 빅데이터 분석 보고서조차도 어렵게 여기는 사람들이 간혹 있습니다. 하지만 이때 영어를 공부하던 시기를 생각해 보면 훨씬 쉽게 다양한 분석 보고서를 접할 수 있습니다. 문장 안에 모르는 단어만 잔뜩 들어 있는 영어 문장을 해석하는 것보다는 가끔가다 하나씩 모르는 용어가 있는 분석 보고서를 읽는 게 어찌 보면 훨씬 쉬울 수 있습니다.

3-2 빅데이터 편의시설

나와 빅데이터가 관계가 없다고 생각하는 또 다른 이유 중 하나는 바로 빅데이터를 실제로 접할 기회가 많이 없다고 생각하기 때문입니다. 그 크기가 어느 정도 작은 스몰데이터라면 일반적인 직장인이라도 접할 기회가 많지만 빅데이터는 프로그래밍, 보안 등 다양한 이슈로 인해 실제로 경험을 해볼 확률이 적습니다. 이를 바꿔 말하면 일반적인 사람이라면 빅데이터를 구경하고 싶어도 그러기 힘들다는 것을 의미합니다. 하지만 실상은 그렇지 않습니다. 우리 사회에는 너무도 많은 빅데이터 편의시설이 존재합니다. 조금만 관심을 가지고 알아보면 개인 PC를 이용해 너무도 간단하게 빅데이터에 대한 접점을 만들어 나갈 수 있습니다.

3-2-1 공공데이터 포털

빅데이터 전문가들은 늘 품질이 좋은 데이터를 다양하게 많이 접하고 싶어 합니다. 다양한 데이터를 접할수록 분석을 할 거리가 많아지는 것은 물론이고 새로운 정보를 추출해 낼 수 있기 때문입니다. 그리고 이는 비단 빅데이터 전문가들의 이야기만은 아닙니다. 대학생이나 데이터 분야에 흥미가 어느 정도 있는 사람이라면 데이터를 많이 접해 보고 실제 데이터가 어떠한 형식으로 이루어져 있는지 탐색하고 싶어 합니다. 하지만 빅데이터를 다루는 직종에 있지 않은 이상 실제 데이터를 만져 보는 것이 쉬운 일이 아니기는 합니다. 최근 데이터를 보유하는 것 자체가 경쟁이 되는 시대에서 일반 기업들은 데이터를 쉽사리 공유하지 않기 때문입니다.

이럴 때 데이터에 대한 니즈가 높은 사람들에게 한줄기 빛이 되어 주는 존재가 있습니다. 바로 공공데이터 포털입니다(https://www.data.go.kr/). 공공데이터 포털은 행정안전부에서 국민들에게 데이터를 제공하기 위해 만든 하나의 시스템입니다. 많은 정부기관들은 공공데이터 포털을 통해서 다양한 공공데이터를 일반인에게 공개합니다. 물론 공공데이터 포털에 올라오는 데이터는 무료로 확인이 가능하며 활용처에 크게 제한을 두고 있지도 않습니다. 즉, 빅데이터를 다뤄 보는 것은 다른 세계의 이야기라고 생각만 하고 살고 있던 사람이 너무나도 쉽게 빅데이터에 접근할 수 있다는 것입니다. 말 그대로 생활 속에 빅데이터가 스며들어 가 있다고 볼 수 있습니다.

[그림 3-3-3] 공공데이터 데이터 목록

다른 데이터 출처와는 다르게 공공데이터 포털이 지니고 있는 가장 큰 장점이라고 하면 다양한 데이터의 종류를 들 수 있습니다. 사실 특정 기업에 속해 데이터를 분석하다 보면 금융, 통신, 로그 등 특정한 데이터만을 다루게 될 확률이 높습니다. 해당 기업에 속한 산업에 따라 보유 가능한 데이터가 어느 정도 정해져 있기 때문입니다. 하지만 공공데이터 포털은 매우 다양한 공공기관의 데이터를 보유하고 있습니다. 이는 기술 특허, 부동산, 식당 등 그 종류를 가리지 않습니다. 다양한 데이터를 통해 데이터 분석가로서의 경험을 쌓고 싶거나 관심 분야에 대해 데이터 분석적 접근을 해보고 싶은 사람이라면 공공데이터 포털을 매우 유용하게 사용할 수 있습니다.

생각해 볼 거리

주어진 환경을 잘 이용한다는 것은 분명 엄청난 능력입니다. 같은 환경 속에서도 누군가는 그 환경을 이용해 본인의 목표를 달성해 나가는 반면, 누군가는 불평만을 늘어놓으며 발전을 하지 못합니다. 한편, 공공데이터 포털은 국가 차원에서 운영이 되는 시스템입니다. 다른 그 어떤 나라를 보더라도 우리나라보다 공공데이터 개방에 적극적이고 또 실제로 많은 데이터를 개방한 나라가 없습니다. 즉, 대한민국에 살아가는 것만으로도 데이터 접근성 측면에 있어 매우 유리한 환경을 가지고 있다고 할 수 있습니다.

이는 특히 데이터 분석가가 되고자 하는 학생들의 입장에서 크게 생각해 볼 거리 중 하나입니다. 많은 학생들은 실제 데이터를 분석하며 역량을 쌓아가고 싶어 하지만 실제 데이터를 마주할 일이 너무 적어 이를 고민하곤 합니다. 물론 공공데이터 포털에 제공되는 데이터에도 어느 정도 단점이 존재하기는 합니다. 개개인을 단위로 하는 데이터는 절대 공개되지 않으며 가끔씩 데이터 수나 품질 측면에서 아쉬운 데이터가 더러 존재하기도 합니다. 하지만 이러한 점을 이유로 손쉽게 공공데이터 경험을 포기하기에는 공공데이터 포털의 접근성이 너무 좋습니다.

실제로 빅데이터 관련 업무를 하다 보면 마음에 꼭 드는 데이터만을 다룰 수는 없습니다. 사업적 필요에 따라 다루기 힘들거나 인사이트를 찾기 힘든 데이터도 다루어야 할 때가 있습니다. 그리고 데이터의 수나 품질 측면에서 한계가 있더라도 이를 극복하는 방안을 찾아내는 것이 데이터 분석가의 중요한 역량 중 하나입니다. 이런 점을 모두 고려했을 때, 분명 공공데이터 포털에서 제공되는 데이터는 생활 속에서 너무도 쉽게 접근 가능한 소중한 자원이라고 할 수 있습니다.

3-2-2 ▶ 네이버 데이터랩

공공데이터 포털에 있는 데이터는 그 출처가 매우 다양하다는 점에서 분명 가치가 높은 데이터입니다. 하지만 아무래도 공공기관이라는 조직에서 데이터를 제공해 주는 한 공공영역의 데이터만을 볼 수 있다는 한계점이 존재합니다. 사람들은 공공영역의 데이터 외에도 일반 사기업에서 다루는 데이터 혹은 사람들의 의견이 많이 모여든 데이터를 분석하고 싶어 합니다. 실제로 그런 데이터를 자주 접해야 데이터를 통해 인사이트를 많이 얻을 수 있는 것도 분명 사실입니다.

사적 영역의 데이터 중에서도 많은 사람들이 관심을 가지는 데이터 중 하나는 바로 검색 데이터입니다. 아무래도 검색은 사람들의 관심사가 그대로 드러나는 정보이기 때문에 그 자체로 상당히 많은 가치를 지니고 있습니다. 그리고 우리나라의 대표 포털인 네이버에서는 네이버 데이터랩(https://datalab.naver.com/)을 통해 검색어나 쇼핑 관련 데이터를 제공해 주고 있습니다. 클릭 몇 번을 통해 간단하게 데이터를 볼 수 있으며 사람들이 상대적으로 많이 검색을 했던 검색어, 자주 구매를 한 쇼핑 카테고리 등을 쉽게 살펴볼 수 있습니다. 평소 사회 속의 인사이트를 적극적으로 찾아가는 욕심이 있는 사람이라면 분명 좋은 데이터 원천이 될 수 있습니다.

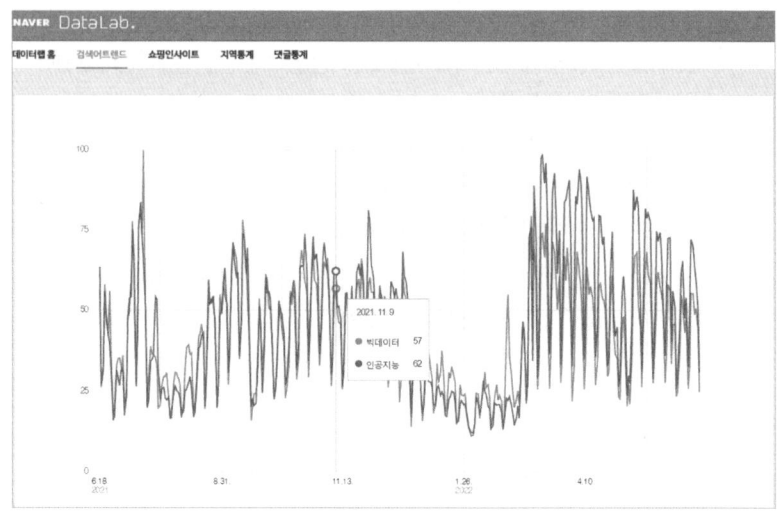

[그림 3-3-4] 네이버 데이터랩

공공데이터 포털이나 네이버 데이터랩처럼 사실 마음만 먹으면 빠른 시간 내에 손쉽게 각 분야의 데이터를 쉽게 접해 볼 수 있습니다. 그리고 이러한 데이터들은 생활 속에서 쉽게 찾아볼 수 있다고 하더라도 절대 저평가되어서는 안 되는 데이터들입니다. 네이버와 같이 우리의 생활에 밀접하게 연결되어 있는 환경에 녹아들어 있는 진짜 가치 있는 데이터들입니다. 이처럼 빅데이터는 우리 생활 속에 너무나 자연스럽게 내재해 있습니다. 즉, 생각보다 빅데이터는 우리 생활에서 쉽게 발견해 볼 수 있으며 절대 우리의 일반적인 삶과 동떨어져 있는 것이 아님을 명심해야 합니다.

💡 | 생각해 볼 거리

많은 사람들과 기업들이 정확히 이해하고자 욕심을 부리는 영역 중 하나가 바로 사람들의 생각 혹은 관심사입니다. 회사라면 분명 고객이 어떤 생각을 가지고 살아가며 어떤 관심사가 있는지 알아야 적합한 운영 전략을 세워 갈 수 있습니다. 그리고 사람들의 생각과 관심사가 모여 만든 트렌드라는 것 역시 자연스레 많은 사람들의 관심 대상이 되곤 합니다. 하지만 데이터를 통해 사람들의 관심사나 트렌드를 확인하는 것이 여간 힘든 일이 아닙니다. 사람들의 생각, 관심사, 트렌드라는 것은 명확하게 숫자로 표현이 되는 영역이 아니기 때문입니다.

이 문제를 해결하기 위해 많은 빅데이터 전문가들이 선택하는 데이터 원천이 바로 SNS입니다. SNS만큼 자신의 관심사나 생각을 솔직하게 드러내는 곳이 없기 때문입니다. 이전 시기와는 다르게 SNS에 자주 등장하는 특정 단어가 있다면 그 단어는 요즘 시대를 대표하는 단어일 확률이 높습니다. 하지만 그런 SNS 데이터도 나름의 단점은 있습니다. SNS상에 올라오는 텍스트를 무작정 수집하다 보면 정제되지 않은 말이 너무 많습니다. 오타나 신조어는 물론이고 각종 이모티콘까지 난무한 데이터를 분석하는 것은 매우 어렵습니다.

종합해 보면 사람들의 관심사나 생각을 데이터로 찾아내는 것은 매우 힘들며 그나마 희망이 있는 SNS 데이터 역시 한계점이 많습니다. 그렇다면 사람들의 관심사를 알아내는 것이 완전히 불가능한 영역일까요? 물론 그렇지 않습니다. 이 모든 문제를 해결하기 위해 가장 훌륭한 데이터가 바로 포털의 검색어 데이터입니다. 최근 개인정보 이슈로 인해 개개인이 찾아 본 검색어를 개인마다 구분 지어 살펴보는 것에는 무리가 있지만 이 검색어 정보를 모아 두기만 하더라도 우리는 사회의 트렌드를 충분히 잘 좇아갈 수 있습니다. 각 데이터가 어떤 의미를 가지고 있는지에 대한 고민 역시 무수한 데이터 홍수 속 항상 유념해야 할 영역 중 하나입니다.

3-2-3 ▶ AI-Hub

공공데이터 포털과 네이버 데이터랩의 데이터는 분명 실생활에서 데이터를 분석하기에 좋은 대상이 될 것임이 분명합니다. 하지만 빅데이터 분석이 아니라 인공지능 모델 생성으로 영역을 바꿔 본다면 이야기가 달라집니다. 공공데이터 포털과 네이버 데이터랩 모두 손쉽게 새로운 데이터를 볼 수 있다는 점에서 장점을 지니지만, 실제로 내려받아 활용 가능한 데이터의 수를 생각해 보면 그 한계점이 명확합니다. 공공데이터 포털의 경우 대용량의 데이터가 담겨 있는 경우가 생각보다 드물며, 네이버 데이터랩은 원천 데이터보다는 가공된 데이터 결과물을 제공해 주는 경우가 많기 때문입니다.

이때 머신러닝, 딥러닝 등의 기술을 활용하여 인공지능 모델을 만들고자 하는 사람들은 이 두 데이터 원천에 한계를 느낄 수밖에 없습니다. 앞서 언급하였듯 인공지능 모델 구현을 위해서는 대용량의 데이터가 필수적이기 때문입니다. 여기에 더해 최근 인공지능 모델은 비정형 데이터를 기반으로 더 많은 발전이 있었습니다. 즉, 숫자로 이루어진 데이터보다는 문자나 이미지 데이터에서 인공지능 기술이 발전하고 있는 추세라고 할 수 있습니다. 아쉽게도 비정형 데이터로 영역을 넓혀서 생각하면 일반인들의 입장에서 데이터를 제공받을 수 있는 장소가 더욱 제한되는 것이 현실입니다.

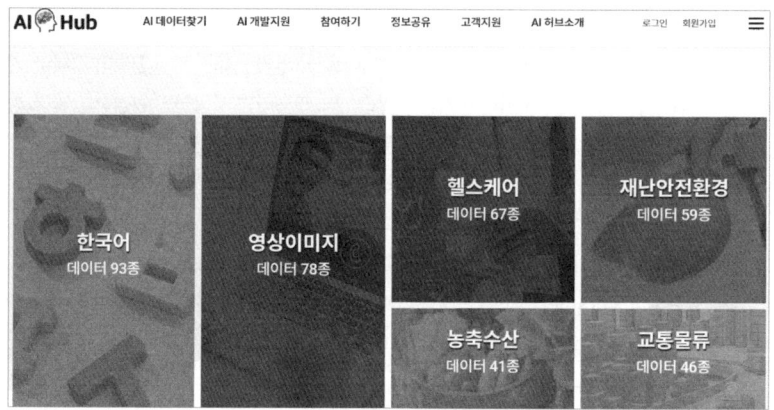

[그림 3-3-5] AI-Hub 홈페이지

하지만 다행히도 우리나라는 데이터 개방에 매우 적극적인 나라 중 하나입니다. 그리고 인공지능 분야의 전문가 양성을 위해서 일반인들도 손쉽게 데이터에 접근하고 이를 활용할 수 있게 만들고 있습니다. 이는 공공데이터 포털 외에도 AI-Hub라는 장소를 통해서도 실현되고 있는 내용입니다. AI-Hub는 앞서 말한 두 장소와는 달리 인공지능 모델에 사용될 수 있는 데이터 제공에 초점을 맞추고 다양한 데이터를 제공해 주고 있습니다. 실제로 그 데이터의 양도 꽤나 충분한 편이며, 비정형 데이터 역시 매우 많이 포함되어 있어 앞서 말한 무료 데이터의 문제점들을 모두 해결해 주고 있기도 합니다.

AI-Hub에는 문자, 이미지 등 데이터 형식에 따라 데이터를 구분 짓기도 하며 헬스케어, 농축수산 등 데이터 분야에 따라 데이터를 구분 지어 제공하기도 합니다. 결국, 사용자가 공부하고 활용하고자 하는 분야에 맞추어 다양한 데이터를 제공해 준다는 것을 의미합니다. 인공지능 전문가가 되고자 하는 수많은 사람들에게 가장 중요한 장애

요소인 데이터 문제를 해결해 주는 아주 고마운 서비스라고 할 수 있습니다.

> **| 생각해 볼 거리**
>
> 빅데이터는 정말 다양한 활용성을 지니고 있습니다. 함께 살펴본 내용만 보더라도 인사이트를 탐색하여 비즈니스 활동에 도움을 줄 수도 있고, 단순히 데이터를 시각화하여 활용을 해볼 수도 있습니다. 여기에 머신러닝 적용, 추천 시스템에의 활용 등 빅데이터의 활용성은 날이 갈수록 화려해지고 있다고 말해도 틀린 말이 아닙니다. 다만 우리에게 단 한 종류의 데이터만이 있다고 할 때, 이 데이터를 통해 앞서 말한 분석 방법을 모두 적용할 수 있냐고 하면 이는 그렇지 않습니다.
>
> 데이터는 분명 그 성격에 따라 인사이트 분석에 최적화된 데이터가 있으며, 추천 시스템 활용에 최적화된 데이터, 인공지능 분야 활용에 최적화된 데이터가 존재합니다. 물론 인사이트 분석에 최적화된 데이터를 가지고 억지로 인공지능 모델을 생성하고자 하면 이것이 아예 불가능한 일은 아닙니다. 하지만 부적합한 데이터를 사용한 만큼 어색한 인공지능 모델이 최종적으로 생성될 확률이 높습니다. 다만 아쉽게도 어떤 데이터가 어떤 활용 방법에 적합한지 명확하게 설명할 수 있는 기준은 없습니다. 경험이 많고 수준 높은 빅데이터 전문가들만이 감각적으로나마 감지할 수 있는 것이 데이터별로 최적화된 활용처를 찾아내는 것이라 할 수 있습니다.
>
> 그렇기 때문에, 실제로 데이터를 단순히 판매하기만 하는 사업이 생겨나기도 합니다. 우리에게 익숙한 설문조사 업체를 넘어 고객의 결제 정보, 금융 정보 등 다양한 데이터들은 모두 개인정보 보호 등의 특정 조건을 만족한다면 거래의 대상이 될 수 있습니다. 이렇듯 다양한 데이터를 사고파는 행위가 일어난다는 것은 빅데이터가 얼마나 중요한지, 또 얼마나 다양한 데이터가 우리 사회에 필요한지를 방증한다고 할 수 있습니다. 이러한 점에서 AI-Hub의 존재는 다양한 세부 영역을 두고 있는 빅데이터 분야에 정말 소금 같은 존재가 되고 있다고 할 수 있습니다.

3-2-4 ▶ 통합 데이터지도

공공데이터 포털, 네이버 데이터랩, AI Hub는 모두 일반인 입장에서 좋은 데이터 공급원이라고 할 수 있습니다. 다만, 사용자 입장에서 이 플랫폼에 존재하는 모든 데이터들을 체계적으로 활용하기에는 여전히 어려울 수 있습니다. 너무나도 많고 다양한 데이터들이 산재하여 체계적으로 활용하기에 난감한 경향이 있기 때문입니다. 이는 비단 공공데이터만의 문제는 아닙니다. 생각보다 많은 민간기업에서도 데이터를 제공하고 있으며 그러한 데이터들을 한눈에 알아보기란 쉬운 일이 아닙니다. 이렇듯 단순히 데이터를 배포하는 것뿐 아니라 유용하게 데이터를 활용할 수 있게 하기 위한 배경으로 통합 데이터지도(https://www.bigdata-map.kr/)가 탄생하였습니다.

다음은 통합 데이터지도 홈페이지에서 설명하고 있는 통합 데이터지도의 사업 목표입니다. "통합 데이터지도는 공공과 민간에서 제공하는 데이터를 쉽게 검색·활용할 수 있도록 지원합니다. 통합 데이터지도는 데이터 생태계의 나침반 같은 역할을 하여 필요한 데이터를 쉽게 찾아 잘 활용할 수 있도록 하겠습니다." 이 말을 들어 보면 통합 데이터지도가 무엇을 목표로 하고 있으며, 그 안에는 어떠한 정보들이 숨어 있는지를 쉽게 파악할 수 있습니다. 데이터의 개방 차원에서는 공공과 민간을 막론하고 많은 곳에서 노력을 기울이고 있지만 이를 쉽게 검색하거나 활용하는 것은 여전히 어려운 일입니다. 그래서 통합 데이터지도에서는 데이터를 검색하고 주제, 기관에 따라 분류하여 이용자 입장에서 유용한 데이터를 찾을 수 있도록 도와줍니다.

[그림 3-3-6] 통합 데이터지도 홈페이지

통합 데이터지도를 이용하면 평소에 무심코 지나쳤던 다양한 데이터들을 종합적으로 파악할 수 있습니다. 특정 관심사가 있다면 해당 키워드를 통해 관련 데이터가 어떤 것들이 있는지도 알 수 있습니다. 또한 통합 데이터지도의 차별점이자 가장 큰 장점을 뽑으라 하면 바로 일반적인 공공데이터보다 더욱 방대한 데이터 검색 결과를 보여준다는 점입니다. 때로는 사업에 활용하기 위해서 돈을 지불하더라도 데이터 구매에 니즈가 있을 수 있으며, 때로는 공공데이터뿐 아니라 민간에서 사용되고 있는 데이터에 대한 니즈가 있을 수 있습니다. 통합 데이터지도에서는 유료/무료 데이터뿐 아니라 공공/민간 데이터를 모두 구분하여 검색할 수 있도록 기능을 제공해 주고 있기 때문에 사용자 입장에서 가장 유용한 데이터 플랫폼 중 하나라고 할 수 있습니다.

생각해 볼 거리

빅데이터 시대를 살아감에 있어서 회사 혹은 개인 차원에서 좋은 데이터를 확보하는 것은 분명 중요한 행동 중 하나입니다. 결제 데이터가 존재해야 사람들의 구매 패턴을 파악할 수 있으며, 상권 데이터가 있어야 창업을 시도할 때 상대적으로 입지가 좋은 지점을 선점해 낼 수 있습니다. 동시에 이 세상에는 정말 수없이 많은 데이터가 존재하고 있습니다. 일반적으로 생각할 때 전혀 데이터가 나올 수 없을 것이라 생각되는 장소에서조차 데이터가 발생할 수 있습니다. 우리의 상상 이상으로 방대하고 다양한 데이터가 적재되고 있는 사회입니다.

다만, 이렇게 흩뿌려져 있는 데이터를 모으고 체계적으로 분류하여 활용성을 높이는 것에는 상대적으로 관심도가 적은 현실입니다. 여기저기 산개해 있는 데이터를 한데 모으는 것, 이를 특정한 기준에 따라 분류하고 검색할 수 있게 만드는 것 모두가 많은 노력을 필요로 하는 귀찮은 일일 수 있기 때문입니다. 하지만 실제 사용자가 데이터를 사용하는 장면을 상상해 보면, 각계각층의 데이터를 조직하고 체계적으로 관리하는 일은 앞으로 더욱 강조 받아 마땅한 일이라 할 수 있습니다.

보유한 데이터를 체계적으로 관리하고 검색할 수 있게 하는 것은 나아가 스타트업, 중소기업과 대기업을 가르는 하나의 잣대가 될 수 있습니다. 조금 더 엄밀히 표현하자면 데이터 친화적인 기업과 그렇지 않은 기업을 구분 짓는 기준이 데이터 관리 및 검색 시스템의 존재 유무라고도 할 수 있습니다. 만약 내가 데이터를 개인적으로 수집해 나가야 하는 상황이 생긴다면, 혹은 데이터 수집과 관련된 업무를 회사에서 맡게 된다면 이 부분은 절대 잊어서는 안 될 중요한 포인트 중 하나입니다.

3-3 빅데이터를 대하는 올바른 마음가짐

빅데이터는 너무 두려워해서도 안 되고 그렇다고 나와 연관이 없는 존재로 무시해 버려도 안 됩니다. 빅데이터 시대를 올바르게 살아가기 위해서는 빅데이터에 적당한 관심도를 보이는 것이 가장 좋습니다. 그래서 빅데이터를 너무 겁내고 있는 사람이라면 빅데이터에 대해 겁을 낼 필요가 없으며, 빅데이터를 너무 무시하고 있는 사람이라면 빅데이터를 두려워할 줄 알아야 합니다. 극단적으로 빅데이터를 대하지 않는 것, 이것이 빅데이터를 대하는 올바른 마음가짐의 핵심이라고 할 수 있습니다.

3-3-1 ▶ 빅데이터에 겁낼 필요가 없는 이유

아무리 빅데이터와 인공지능을 강조하고 있는 시대라고 할지라도 그것 자체로 사람들이 빅데이터와 인공지능에 친숙해지게 되는 것은 아닙니다. 아무래도 빅데이터와 인공지능은 그 단어 자체로 어려운 기술의 어투가 강하기 때문에 사람들은 빅데이터 기술에 친숙해지지 못하고 반대로 이를 매우 어려운 존재로 받아들입니다. 하지만 빅데이터 시대를 살아감에 있어 이는 분명 바람직하지 못한 태도입니다. 빅데이터 기술을 바라봄에 있어 막연한 두려움을 가지고 이 때문에 빅데이터 자체를 멀리하기엔 빅데이터 기술이 가져다주는 장점이 너무 많습니다.

우리가 빅데이터에 겁낼 필요가 없는 이유를 한마디로 이야기하는 것은 매우 어렵습니다. 생각해 보면 앞서 전반적으로 이야기한 모든 것들이 빅데이터에 겁낼 필요가 없는 이유에 해당합니다. 알고 보면 스몰데이터와 큰 차이가 없기 때문에 막연함을 느낄 필요가 없으며, 빅데이터 전문가들조차 빅데이터 3대 역량을 모두 갖추지 못한 사람이 많기에 일반인으로서 지식의 부족함을 한탄할 필요도 없습니다. 또한 이미 생활 속에 너무나도 많이 빅데이터가 내재해 있기 때문에 마음만 먹으면 정말 쉽게 접할 수 있는 존재가 빅데이터이기도 합니다.

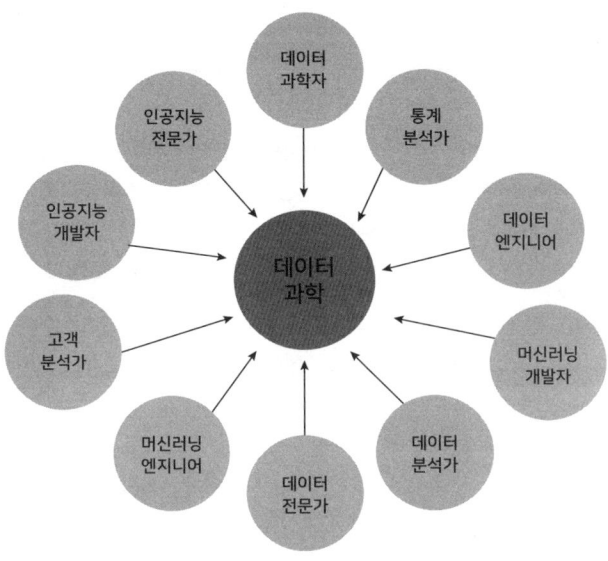

[그림 3-3-7] 다양한 종류의 데이터 전문가

최근에는 빅데이터를 넘어 정말 다양한 용어가 데이터와 관련해서 사용되고 있습니다. 데이터 과학(Data Science), 머신러닝 엔지니어링, 데이터 분석가 등 사실 의미상 큰 차이가 없는 용어가 널리 이용되기 시작한 것입니다. 하지만 이는 데이터와 분석, 그 활용을 위해 나름대로 용어를 세분화하고 어렵게 만든 것일 뿐 모두 데이터를 그 본질로 삼고 있습니다. 이 복잡한 용어들에 휘둘리지 않고 빅데이터와 연관된 본질적 개념을 꿰뚫고 있으며 동시에 빅데이터에 대한 막연한 두려움을 버리는 것이 현명하게 빅데이터 시대를 살아가기 위해 가장 필요한 전제조건이라고 할 수 있습니다.

> **생각해 볼 거리**
>
> 빅데이터 시대인 만큼 빅데이터 전문가가 되고자 하는 학생들 역시 점차 늘어나고 있는 추세입니다. 하지만 이 수많은 학생들의 공통적인 질문이 하나 있습니다. 바로 나도 빅데이터 전문가가 될 수 있을까? 하는 것입니다. 이는 특히 문과 출신의 학생들에게 더욱 뚜렷이 드러나는 현상입니다. 많은 문과 출신의 학생들이 프로그래밍, 수학/통계학의 배경이 다소 부족한 상황에서 겪고 있는 고민이라고 할 수 있습니다.
>
> 아마 빅데이터 전문가가 되고자 하는 학생들조차 빅데이터에 대해 막연한 두려움을 느끼기에 이런 고민을 하는 것일 수 있습니다. 이 고민에 답해 주기 위해서는 여러 가지 요소를 생각해 보아야 합니다. 프로그래밍이나 수학, 통계학 등은 문과 출신의 학생이 배우기에 한계가 있는 내용일까요? 빅데이터 전문가를 평가하는 잣대 중 가장 중요한 것은 과연 무엇일까요? 이 질문들에 대한 대답 여하에 따라 문과 출신의 학생이 정말 빅데이터 전문가가 되는 것이 현실적으로 무리가 있는지 알 수 있습니다. 그리고 당연히 문과 출신의 학생도 빅데이터 전문가가 충분히 될 수 있다는 것이 그 대답입니다.
>
> 많은 문과 출신 학생들이 현실적으로 고민하는 프로그래밍이나 수학/통계학 내용은 사실 크게 문제 될 것이 없습니다. 지금 당장 그 역량이 떨어진다 할지라도 이는 공부를 하면 되는 영역입니다. 그리고 빅데이터 전문가를 평가하는 데 가장 중요한 잣대 중 하나는 앞서 이야기한 데이터 문해력입니다. 데이터를 올바르게 분석하고 유용하게 활용할 줄 아는 능력, 그것이 빅데이터 분석의 본질이자 전부입니다. 데이터 문해력의 경우 일반적으로 문과 출신의 학생들이 더 경쟁력을 가지고 있기도 합니다. 일반인이건 빅데이터 전문가를 꿈꾸는 학생이건 빅데이터를 위한 공부에 막연한 두려움을 느낄 필요가 없습니다.

3-3-2 ▶ 빅데이터를 두려워해야 하는 이유

분명 빅데이터는 막연하게 두려워해야 할 이유가 없는 존재입니다. 하지만 역설적으로 우리는 때때로 빅데이터를 두려워할 줄 알아야 합니다. 정확히는 빅데이터 자체를 두려워하는 것보다는 빅데이터 시대를 남들보다 잘 못 사는 것을 두려워해야 합니다. 생각해 보면 단순히 낙관적인 마음을 가지고 빅데이터 전문가가 될 생각이 없으니까, 실제로 빅데이터가 내 삶에 녹아 있는 것인지 체감이 잘 안되니까 모든 것을 내려 둔 채 살아가는 것도 충분히 상상할 수 있습니다. 하지만 최근 강조되고 있는 트렌드에 아예 탑승하지 못한다는 것은 생각보다 많은 손실을 불러올 수도 있습니다.

우리가 빅데이터 시대에 잘 적응하지 못하는 것을 두려워해야 하는 이유는 딱 한 가지입니다. 꽤 이전부터 우리 사회가 정보력과 이를 바탕으로 한 경쟁우위에 의해 돌아가기 시작했기 때문입니다. 빅데이터 시대 자체를 부정하든 아니면 빅데이터 시대에 관심이 없는 것이든 사람들은 데이터를 적재하고 활용하기 시작했습니다. 그리고 월마트, 마켓컬리, 넷플릭스 등 많은 기업들은 이 빅데이터를 이용해 사업적 이익을 본 실제 사례를 말하고 있습니다. 결국, 의지와는 무관하게 데이터는 쌓이고 있고 누군가는 그 데이터를 활용해 경쟁에서의 우위를 만들어 내는 반면 누군가는 그렇지 못합니다. 우리가 이 두 가지 선택지 중 어떤 것을 추구해야 하는지는 굳이 말하지 않아도 너무나 명확합니다.

[그림 3-3-8]

많은 사람들은 잘못된 선택이나 행동들이 남들보다 뒤처지는 것의 원인이라고 생각을 합니다. 잘못된 곳으로의 투자 선택, 건강을 해치는 생활 습관 등을 생각해 볼 수 있습니다. 하지만 경쟁에서 밀려나고 뒤처지는 것은 꼭 잘못된 선택을 했을 때에만 일어나는 것은 아닙니다. 때로는 가만히 있는 것 자체가 그 원인이 될 수 있습니다. 사실 우리는 대략적으로 모든 변화를 감지하고 있습니다. 세상이 빠르게 변화하고 있고 그 변화를 가속화하는 데 빅데이터와 인공지능 기술이 있습니다. 이 사실을 알면서도 아무것도 두려워하지 않고 아무것도 하지 않는 그 자체가 어쩌면 퇴보를 불러올 수도 있습니다.

생각해 볼 거리

지금의 세상이 빅데이터 시대라는 것은 그 누구도 부정할 수 없습니다. 그렇기에 우리는 모두 빅데이터 시대를 잘 살기 위한 고민을 해보고 방법을 찾아야 합니다. 그리고 그 고민을 하기 위해 가장 먼저 생각해 보아야 할 것은 바로 빅데이터 시대에 잘 산다는 것은 어떤 것일까?에 대한 고민입니다. 빅데이터 시대를 잘 살아가는 것에 대해 정의를 어떻게 내리는지에 따라 그 준비 과정과 마음가짐이 완전히 달라질 수 있습니다.

사실 어떻게 사는 것이 빅데이터 시대를 잘 사는 것인가에 대해서는 정답이 없습니다. 이는 사람의 가치관에 따라 다르게 정의될 것이고 기술이 앞으로 얼마나 빠른 속도로 발전하냐에 따라 또 다르게 정의될 수 있습니다. 다만, 어떤 가치관을 지니든 이 시대를 현명하게 살아가기 위해 모두에게 공통적으로 해당되는 사항은 존재할 수 있습니다. 또한 지속적으로 빅데이터와 인공지능에 대해 공부해 오고 이를 업으로 삼고 있는 사람이라면 이 질문에 어느 정도 가이드라인은 전해 주는 것이 가능합니다.

그 누구든 빅데이터 시대를 현명하게 살아가기 위해선 기본적인 공부를 통해 빅데이터 기술의 큰 개념을 꿰뚫고 있어야 합니다. 다시 한번 말하지만 이는 절대 어려운 수준이 아닙니다. 그리고 그 개념에 대해 충분히 이해했다면 적당한 수준의 두려움을 가지고 앞으로의 기술 발전과 그 활용 사례를 볼 때마다 이를 적용할 수 있는 내용이 무엇이 있을지 고민한다면 충분합니다. 빅데이터 시대가 도래했음을 명확히 인지하고 이에 대해 뒤처지지 않겠다고 공감하면서, 많은 관심을 가지는 것이 빅데이터 시대를 현명하게 살아가는 데 가장 중요한 가이드라고 할 수 있습니다.

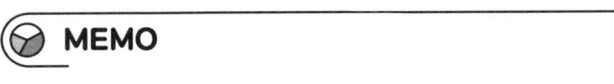

비전공자를 위한 빅데이터 가이드북
바르게 이해하고 알맞게 활용하는 빅데이터

출간일	2023년 5월 17일 l 1판 1쇄
지은이	김민수
펴낸이	김범준
기획·책임편집	임민정 유명한
교정교열	이현혜
편집디자인	나은경
표지디자인	오혜민
발행처	(주)비제이퍼블릭
출판신고	2009년 05월 01일 제300-2009-38호
주소	서울시 중구 청계천로 100 시그니처타워 서관 9층 949호
주문/문의	02-739-0739 팩스 02-6442-0739
홈페이지	http://bjpublic.co.kr 이메일 bjpublic@bjpublic.co.kr
가 격	15,000원
ISBN	979-11-6592-221-4(93000)

한국어판 © 2023 비제이퍼블릭

이 책은 저작권법에 따라 보호받는 저작물이므로 무단 전재와 무단 복제를 금지하며,
내용의 전부 또는 일부를 이용하려면 반드시 저작권자와 비제이퍼블릭의 서면 동의를 받아야 합니다.

잘못된 책은 구입하신 서점에서 교환해드립니다.